Bäume

Der Ravensburger Naturführer

Bäume

Beobachten und Verstehen

Ravensburger Buchverlag

Bibliografische Information der Deutschen Nationalbibliothek
Die Deutsche Nationalbibliothek verzeichnet diese Publikation in der Deutschen Nationalbibliografie; detaillierte bibliografische Daten sind im Internet über **http://dnb.d-nb.de** abrufbar.

4 3 2 1 12 11 10 09

Titel der Originalausgabe: Usborne Naturetrail: Trees
Copyright © 2008 Usborne Publishing Ltd., Usborne House, 83-85 Saffron Hill, London EC1N 8RT, England
Text: Laura Howell

Deutsche Ausgabe
Übersetzung: Wolfgang Hensel
Redaktionelle Leitung: Yvonne Stein
Redaktion: Claudia Fahlbusch
Satz: Petra Kita, Stuttgart
Printed in Germany
ISBN 978-3-473-55218-4

www.ravensburger.de

Inhalt

Grüne Riesen

Bäume sind sehr eindrucksvolle Naturerscheinungen. Ein ausgewachsener Baum ist nicht einfach nur eine große Pflanze, sondern ein Lebewesen, das vielleicht schon existierte, bevor deine Großeltern geboren wurden. Doch auch das Leben des größten Baumriesen entstand einmal aus einem winzigen Samen.

Eine Stieleiche hat einen dicken Stamm. Sie kann 23 m hoch und über 200 Jahre alt werden.

Was macht den Baum zum Baum?

Bäume sind in vielerlei Hinsicht normale Pflanzen. Vergleiche zum Beispiel einen Baum mit einem Gänseblümchen: Beide haben Wurzeln unter der Erde und – zu bestimmten Zeiten – grüne Blätter. Beide gehen aus Samen hervor und beide bilden Blüten.

Ein Gänseblümchen wird dagegen nur 10 cm hoch, lebt etwa 5 Jahre und stirbt im Winter bis auf die Wurzeln ab.

Was also macht den Baum zum Baum? Er hat erstens keinen fleischigen Stängel, sondern einen dicken Stamm aus Holz, aus dem Äste wachsen. Zweitens werden Bäume viel größer als andere Pflanzen. Es gibt zwar keine festen Grenzen, aber gewöhnlich bezeichnet man eine verholzte Pflanze erst ab mindestens 6 m Höhe als Baum.

Der dritte und vielleicht eindrucksvollste Unterschied zu allen anderen Pflanzen und Tieren ist das Alter der Bäume. Während ein Gänseblümchen nur fünf Jahre lang wächst und dann wieder stirbt, werden manche Eichen älter als 600 Jahre. Der älteste bekannte Baum der Erde ist schon über 4800 Jahre alt – und er wächst immer noch.

Quellen des Lebens

Ein Baum hat viele Aufgaben: Er bietet Tieren Schutz und Nahrung; sie fressen seine Früchte und Samen. Mit seinen Wurzeln hält er die Erde fest und seine Blätter erzeugen Sauerstoff und reinigen die Luft. Das ist aber längst nicht alles: Stell dir vor, du sitzt auf einer Holzbank, isst einen Apfel und liest ein Buch. Alle diese Dinge waren einst Teil eines Baums. Ohne Bäume wäre das Leben, wie wir es kennen, nicht möglich.

SCHON GEWUSST?

Die ersten Bäume erschienen vor etwa 370 Millionen Jahren auf der Erde. Früher waren weite Teile unseres Planeten mit dichten Wäldern bedeckt. Heute wachsen sie nur noch auf einem Drittel des Landes. Biologen kennen bisher über 100 000 Baumarten.

Solche Wälder sehen nicht nur schön aus, sie sind auch Lebensraum für Tausende von Vögeln und anderen Tieren.

Laub- und Nadelbäume

Bäume können sehr unterschiedlich aussehen. Sie gehören jedoch – bis auf wenige Ausnahmen – entweder zu den Nadel- oder zu den Laubbäumen. Nadelbäume bilden Zapfen, auf denen die Samen heranwachsen. Sie haben fast immer harte, nadelartige oder schuppenförmige Blätter. Die Blätter von Laubbäumen dagegen sind meist groß und flach.

TOLLE TIPPS

Laubbäume haben sehr unterschiedliche Blattformen. Die Blätter einiger Arten sind sogar fast so schmal wie Nadeln – wie dieses Silberweidenblatt.

Blatt der Silberweide

Nadeln und Zapfen einer Hemlocktanne

Die Unterschiede zwischen typischen Nadelbäumen (oben) und Laubbäumen (unten) sind sehr deutlich.

Laubbäume

Die meisten Laubbäume werfen im Herbst ihre Blätter ab. Erst im Frühling treiben die neuen Blätter aus. Durch die große Blattoberfläche können sie die Energie der Sonne sehr gut ausnutzen. Sie verlieren aber auch mehr Wasser an die Luft. Du kannst das mit Regenpfützen vergleichen: Große, flache Pfützen trocknen viel schneller aus als kleine, tiefe Pfützen.

Viele Blätter verändern im Herbst ihre Farbe, auch diese Ahornblätter.

Die Laubbäume der Tropen sind an die heißen, feuchten Bedingungen angepasst, die in Regenwäldern oder Sümpfen herrschen. In Europa könnten sie nicht überleben. Alle Bäume brauchen Licht und Wasser. Tropischen Bäumen steht beides im Überfluss zur Verfügung, deshalb wachsen sie sehr schnell und einige auch sehr hoch. In den Wäldern stehen sie dicht an dicht und kämpfen um Licht und Raum.

Aus den Früchten des tropischen Kakaobaums wird Schokolade hergestellt.

Die Blüten des Kakaobaums ...

... reifen zu Früchten heran.

In Regenwäldern stehen die Bäume so nah beieinander, dass sie in Etagen wachsen. Neben den größten Exemplaren sehen die Nachbarn wie Zwerge aus ...

... und darunter wachsen noch kleinere Baumarten. Die Baumkronen sind so dicht, dass es am Waldboden oft sehr dunkel ist.

SCHON GEWUSST?

Obwohl Regenwälder nur sechs Prozent der Landfläche bedecken, leben hier zwei Drittel aller Pflanzen- und Tierarten.

Keine Äste

Die meisten Palmen haben biegsame Stämme. Sie brechen nicht ab, wenn ein Tropensturm tobt.

Auch Palmen wachsen in heißem Klima, sie kommen aber mit weniger Wasser zurecht. In Europa findet man sie meist nur in Gewächshäusern, als Zimmerpflanzen oder in sehr warmen Ländern, wie beispielsweise am Mittelmeer. Palmen haben keine Äste, ihre großen Blätter setzen direkt oben am Stamm an.

Nadelbäume

Es gibt Zehntausende Laubbaumarten, aber nur etwa 600 Nadelbaumarten. Dennoch sind sie weltweit verbreitet. Sie wachsen auch in dem trockenen oder kalten Klima, das Laubbäume nicht überleben würden. Nadelbäume tragen ihren Namen nach den harten, schmalen oder schuppenförmigen Blättern, die spitz zulaufen. Die meisten Arten sind immergrün: Sie tauschen ihre Blätter nach und nach aus und werfen im Herbst nicht alle auf einmal ab.
Viele Nadelbäume haben schlanke Baumkronen. Nur wenige wachsen mit breiten Kronen wie die Laubbäume. Nadelbäume bilden ihre Samen nicht in Früchten, sondern sie liegen frei auf den Schuppen der Zapfen. Biologen nennen sie daher auch „Nacktsamer".

Schnee und Frost können solch harten Nadeln, die oft mit einer wachsartigen Schicht überzogen sind, nichts anhaben.

Rotzeder

Die Blätter einiger Nadelbäume sehen aus wie Schuppen.

Kiefern-zapfen

Die meisten Zapfen sind braun und verholzt.

Diese Kronenform ist die typischste für Nadelbäume.

Hemlocktanne

Drehkiefer

Bei vielen alten Nadelbäumen sterben die unteren Äste ab.

Ein besonderer Baum

Der Ginkgo ist eine Baumart, die als „lebendes Fossil" bezeichnet wird. Er ist der letzte lebende Verwandte einer Baumgruppe, die vor über 250 Millionen Jahren auf unserer Erde wuchs. Ginkgobäume wachsen wild nur in China. Bei uns kannst du sie als Zierbäume gelegentlich in Parks oder Gärten sehen. Ginkgos haben sich im Lauf der Zeit nur wenig verändert. Sie zeigen uns, wie die Pflanzen vor vielen Millionen Jahren etwa ausgesehen haben.

SCHON GEWUSST?

Ein versteinertes, viele Millionen Jahre altes Ginkgoblatt unterscheidet sich in seiner Form kaum von einem lebenden, frischen Ginkgoblatt.

Versteinertes Ginkgoblatt

Ginkgoblätter sind fächerförmig und fühlen sich weich an.

Im Herbst färben sich die Blätter gelb, dann fallen sie ab.

Ginkgofrüchte sehen aus wie kleine gelbe Pflaumen.

Baum oder Strauch?

Wenn Bäume unter sehr harten Bedingungen wachsen oder im Garten regelmäßig beschnitten werden, bleiben sie häufig klein. Manche wandeln sich sogar in Sträucher um: Ihr Stamm verzweigt sich dann sehr dicht über dem Boden in mehrere Äste. Die meisten dieser Baumsträucher sind Laubbäume, nur wenige davon gehören zur Gruppe der Nadelbäume.

Wacholder kann strauch- oder baumförmig wachsen – je nachdem, ob er höher oder niedriger als 6 m ist.

Eichenknospen wachsen in kleinen Gruppen.

Espe

Eberesche

Das Espenblatt ist einteilig, das Blatt der Eberesche besteht aus mehreren Einzelblättchen (Fiederblättchen).

Erkenne die Zeichen

Wenn du auf einem Spaziergang die Bäume genauer betrachtest, kannst du fast immer leicht erkennen, ob es sich um einen Nadel- oder einen Laubbaum handelt. Um aber die richtige Baumart zu bestimmen, musst du viele kleine Hinweise und Zeichen beachten.

Frühling und Sommer

Im Frühling öffnen sich die Blütenknospen zu Blüten und die Blattknospen zu frischen grünen Blättern. Schau dir die Knospen etwas genauer an, ehe sie sich öffnen. Sind sie klebrig, schuppig, haarig oder rau?
Auch die Blüten der Bäume sind im Frühling gut zu sehen: Manche haben weiche Blütenblätter und duften wie Gartenblumen. Andere sind eher unauffällig und haben keinen speziellen Duft.
Im Sommer, wenn die Blüten längst abgestorben sind, kannst du die Baumart noch immer an den Blättern erkennen. Notiere dir, wie groß sie sind und welche Form sie haben. Schau dir auch an, wie die Blätter am Zweig sitzen: Stehen sie in Gruppen oder einzeln? Sitzen sie abwechselnd am Zweig oder stehen sie sich paarweise gegenüber?

Kirschbäume sehen im Frühling wie riesige Blumensträuße aus.

Herbst und Winter

Im Herbst werden die Tage kürzer und viele Bäume werfen ihre Blätter ab. Jetzt hast du freien Blick auf Nüsse und andere Früchte. Baumfrüchte sind sehr unterschiedlich geformt: Es gibt kugelrunde Beeren, feste Nüsse, holzige Zapfen und vieles mehr. Schau dir die Früchte genau an. Manche liegen am Boden und wurden von Vögeln angeknabbert, andere sind leicht und schweben durch die Luft.

Für uns sind diese Lärchenzapfen ungenießbar, doch bestimmte Vögel picken die Samen zwischen den Schuppen heraus.

Nicht alle Früchte sind weich und fleischig. Diese Eicheln, die Früchte der Eiche, sind hart und fest.

Im Winter kann ein Baum wie tot aussehen. Er hält aber nur eine Art „Winterschlaf". Jetzt kannst du die Form der Baumkrone ganz genau betrachten.

Wenn alle Blätter abgefallen sind, kann man die Formen vom Stamm und von den Zweigen dieser Schwarzerle gut erkennen.

Die Rinde der Waldkiefer erkennst du an der rötlichen bis rosa-grauen Farbe. Sie löst sich in kleinen Platten ab.

Die Rinde der Hängebirke fühlt sich weich an und schimmert leicht silbrig.

Außerdem hast du im Winter – wie auch in den anderen Jahreszeiten – viel Zeit, dir die Rinde des Baums genauer anzusehen.

TOLLE TIPPS

Das hilft dir bei der Auswahl eines Bestimmungsbuchs:

- Schlage einen Baum nach, den du gut kennst. Erkennst du ihn auf dem Bild?
- Ist der Text gut zu lesen?
- Gibt es auch Abbildungen zu Früchten, Rinde und Knospen?

Bäume bestimmen

Stell dir vor, du machst einen Spaziergang auf dem Land, in einem Park oder Garten und möchtest gerne wissen, welchen Baum du gerade siehst. Das geht am leichtesten mit einem bebilderten Bestimmungsbuch. Solche Bücher stellen die Bäume mit ihren wichtigsten Merkmalen vor. Die meisten ordnen die Bäume in Nadel- und Laubbäume und dann in kleinere Gruppen. Die Einteilung richtet sich häufig nach der Anordnung und Form der Blätter.
Das Beispiel unten zeigt, wie ein typisches Bestimmungsbuch aufgebaut sein kann.

Die meisten Bestimmungsbücher zeigen die Blätter und Blüten einer Baumart, manche auch die Baumkrone und Rinde.

Rosskastanie
Art: *Aesculus hippocastanum*
Familie: *Hippocastanaceae*
Lebensraum: Bergwälder

Der botanische (lateinische) Name des Baums ist wichtig, weil er von Biologen überall auf der Welt verstanden wird.

Diese Zeile gibt an, wo der Baum wild wächst.

Höhe: 30 m

Hier wird die maximale Höhe genannt, die ein ausgewachsener Baum erreichen kann.

Weiße Blütenblätter mit gelben, später rosa Flecken

Stachelige Früchte, die Kastanien enthalten

Zahlen und Rechnereien

Im kleinen Bestimmungsbuch ab Seite 60 kannst du nachlesen, wie hoch manche Bäume werden. Da kann es sehr hilfreich sein, wenn du die Höhe eines Baums abschätzen kannst. Dazu brauchst du weder eine Leiter noch ein langes Maßband. Die Hilfe eines Freundes, ein Block und ein Taschenrechner genügen (es sein denn, du bist gut im Kopfrechnen!).
Finde zuerst heraus, wie groß dein Freund (oder deine Freundin) genau ist. Dann bitte ihn darum, sich neben den Baum zu stellen. Trete weiter zurück und stelle dir vor, du würdest Kopien deines Freundes aufeinanderstapeln. Wie viele davon brauchst du, bis sie genauso hoch sind wie der Baum? Multipliziere dann die Größe deines Freundes mit dieser Zahl – und schon weißt du, wie hoch der Baum etwa ist.
Um den Umfang eines Baumstamms zu messen, brauchst du ein Maßband. Lege es etwa in Kinnhöhe um den Stamm und lese die Länge ab. Bei Bäumen mit mehreren Stämmen misst man den dicksten aus.

Wenn dein Freund 1,50 m groß und der Baum etwa sechsmal höher ist, dann beträgt seine Höhe 9 m.

Bei sehr dicken Baumstämmen kann dein Freund ein Ende des Maßbands festhalten. Dann gehst du mit dem Band um den Stamm herum, bis ihr euch wieder trefft.

Zeichne einige Skizzen und mach dir Notizen. Damit kannst du einen unbekannten Baum später in aller Ruhe im Bestimmungsbuch nachschlagen.

TOLLE TIPPS

Nützliche Notizen:

- Standort des Baums
- seine Höhe
- die Form der Blätter
- das Aussehen der Knospen, Blüten oder Früchte

Das Baumleben beginnt

Auch das Leben eines riesigen Baums beginnt damit, dass aus einem Samen ein winziges Keimpflänzchen wächst. Es dauert viele Jahre, bis er seine endgültige Größe erreicht hat. Hier erfährst du etwas über die Lebensgeschichte eines Bergahorns. So oder ähnlich beginnt das Leben aller Bäume.

TOLLE TIPPS

Gibt es in deiner Nähe einen Baum, an dem du oft vorbeikommst? Schreibe auf, skizziere oder fotografiere, wie er sich im Lauf eines Jahres verändert.

Vom Samen zur Keimpflanze

1. Das Leben eines Baums beginnt im Frühling. Im Samen sind Nährstoffe für die erste Zeit gespeichert. Der Samen sendet eine Keimwurzel in die Erde, die Wasser und Mineralien aus dem Boden saugt. Jetzt setzt das Wachstum ein.

2. Ein winziger Spross schiebt sich aus dem Samen ins Licht. Zwei Blättchen, zwischen denen eine Knospe sitzt, entfalten sich. Diese beiden Keimblätter sehen fast immer anders aus als die späteren Blätter. Die Knospe wird Spitzenknospe oder Endknospe genannt.

3. Der Keimling wächst und verbraucht dabei die gespeicherten Nährstoffe. Doch schon bald öffnen sich die ersten Blätter. Jetzt sterben die Keimblätter ab. Im Sommer bilden sich im Winkel zwischen Blatt und Stängel neue Knospen. Auch die Wurzel wächst und verzweigt sich.

4. Im Herbst verfärben sich die Blätter und fallen ab. Dabei hinterlassen sie eine Blattnarbe am Stängel. Aus der Spitzenknospe am Ende des Stängels wächst im nächsten Frühling ein neuer Trieb.

Der Baum wird kräftiger

Im zweiten Frühling des Baumlebens öffnen sich die Knospen. Aus den Blattknospen wachsen Blätter, aus der Spitzenknospe ein neuer Trieb. Aus den Knospen am Stängel können sich Seitentriebe entwickeln. Im Herbst fallen die Blätter wieder ab. Diese Vorgänge wiederholen sich Jahr für Jahr, so lange der Baum lebt.

Der Stängel wird jedes Jahr dicker und höher und bildet mehr Seitentriebe mit mehr Blättern. Schließlich verwandelt sich der Stängel in ein Stämmchen und die Seitentriebe in Zweige. Aus dem empfindlichen Pflänzchen ist ein kleiner Baum geworden, der ständig weiterwächst.

1. So sieht das Bäumchen im ersten Jahr nach der Keimung aus.

2. So sieht das Bäumchen im zweiten Jahr nach der Keimung aus.

3. So sieht das Bäumchen im dritten Jahr nach der Keimung aus.

Noch ist dieser Stängel kaum dicker und höher als ein Bleistift. Viele Jahre später wird er sich aber in einen stattlichen Bergahorn verwandelt haben.

Im Inneren eines Stamms

Bäume wachsen nicht nur an den Zweigspitzen und den Blättern, sondern auch im Inneren. Ein schmales, ringförmiges Gewebe (Kambium), das mit dem bloßen Auge nicht zu sehen ist, bildet Gefäße. Sie transportieren Wasser durch den Stamm. Ohne diese Gefäße würde der Baum sterben. Da das Kambium Jahr für Jahr neue Gefäße bildet, wird der Baumstamm immer dicker.

Im Laufe der Zeit verhärten die Gefäße und sie sterben ab. Im Querschnitt durch einen Stamm zeigen sich die jährlich gebildeten Gefäße als Jahresringe (→ Seite 20).

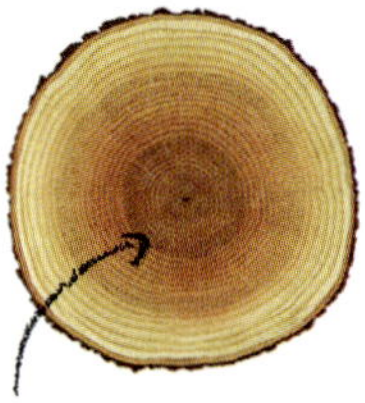

In der Mitte des Stamms liegt das Kernholz, der älteste Teil des Baums. Es besteht hauptsächlich aus abgestorbenen Gefäßen.

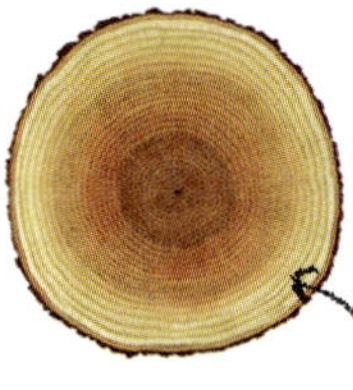

Das jüngere Splintholz ordnet sich um das Kernholz an. Es transportiert Wasser von den Wurzeln in die Baumkrone.

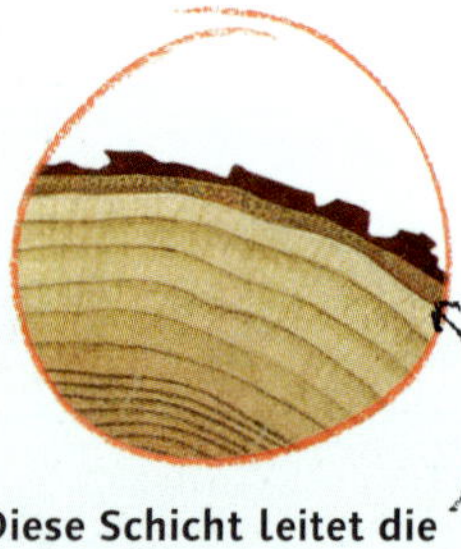

Diese Schicht leitet die Nährstoffe aus den grünen Blättern in die restlichen Gewebe des Baums.

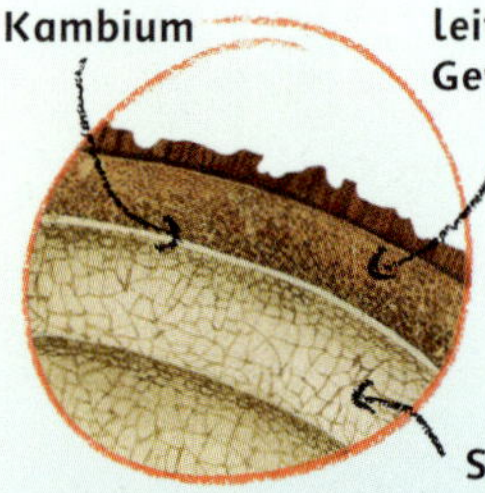

Die Zellen der dünnen Kambiumschicht teilen sich ständig. Nach innen bilden sich neue Gefäße für die Wasserleitung und nach außen Transportröhren für die Nährstoffe.

Ein Sonderfall: Palmen

Palmen haben keinen Kambiumring. Ihre Gefäße und anderen Gewebe sind über den Stammquerschnitt verstreut. Wenn der Stamm einer Palme seine endgültige Dicke erreicht hat, wächst er an der Spitze nur noch in die Höhe, nicht mehr in die Breite.

Stamm der Palme

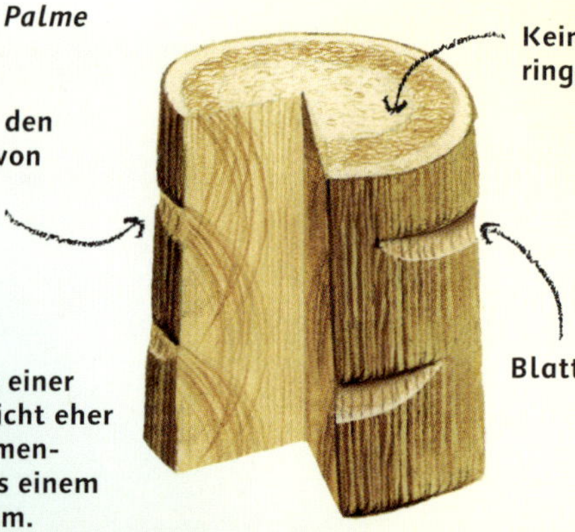

Das Innere einer Palme gleicht eher einem Blumenstängel als einem Baumstamm.

Äste und Seitenzweige

Die Äste eines Baums werden jedes Jahr ein Stückchen länger. Ihr Abstand zum Boden bleibt aber immer gleich, ganz egal, wie hoch der Baum wächst. Das liegt daran, dass Stamm und Äste immer nur an den Spitzen wachsen. Stell dir vor, wir Menschen würden nur am Kopf und an den Fingerspitzen wachsen – dann hätten unsere Schultern immer denselben Abstand zum Boden.
Ein Baum, der seine Endhöhe erreicht hat, wächst nicht mehr in die Höhe, sondern nur noch in die Breite.

Die Seitenzweige beginnen zu wachsen.

Wenn der Baum wächst, werden auch seine Seitenzweige länger und dicker.

Ein großer Baum, wie dieser Ahorn, braucht einen sehr stabilen Stamm, der das Gewicht seiner dicken, langen Äste tragen kann.

Ein normaler Baum legt jedes Jahr durchschnittlich 2,5 cm an Umfang zu. Dieses Wachstum ist wichtig, denn die schwere Krone eines Baums kann nur von einem dicken, stabilen Stamm getragen werden. Ein zu dünner Stamm würde unter dem Gewicht der Zweige und Äste zerbrechen.

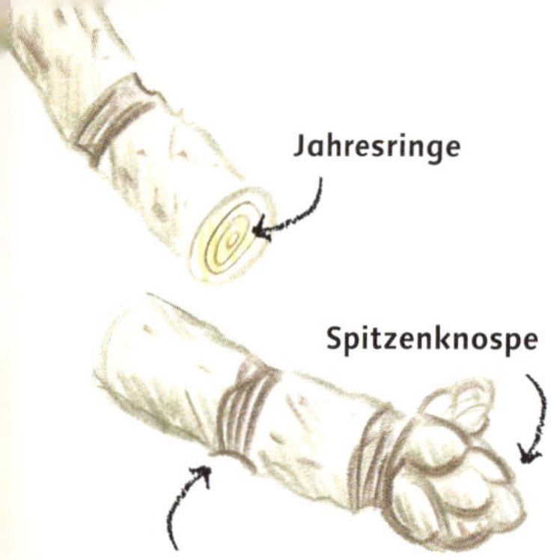

Die Lage dieser Narben zeigt, wie stark ein Zweig im Vorjahr gewachsen ist.

Säge einen Zweig sauber durch: Die Zahl der Jahresringe entspricht der Zahl alter Narben von Knospenschuppen.

Jahresringe

Hast du schon einmal einen abgesägten Baumstamm genauer betrachtet? Dann sind dir sicher die kreisförmigen Muster aufgefallen, die den gesamten Querschnitt einnehmen. An diesen Jahresringen kann man die Lebensgeschichte eines Baums ablesen. Denn bei Bäumen, die bei uns wachsen, kommt jedes Jahr nach der Winterruhe ein neuer Jahresring hinzu.

Jahresringe lesen

An der Zahl der Ringe kannst du ablesen, wie alt der Baum war, als er gefällt wurde. Das funktioniert auch bei Ästen und Zweigen, denn alle verholzten Teile eines Baums bilden Jahresringe.

Je breiter ein Jahresring ist, umso mehr ist der Baum in dem betreffenden Jahr gewachsen. Gutes Wachstum ist aber nur bei gutem Wetter möglich. Wenn du die alten Jahresringe untersuchst, erfährst du etwas über das Wetter vergangener Zeiten.

An diesem Spalt kann man erkennen, dass der Baum vor vielen Jahren stark verletzt wurde.

Jahr mit gutem Wetter. Der Ring ist breit.

Jahr mit schlechtem Wetter. Der Ring ist schmal.

In Jahren mit geringem Wachstum herrschte gewöhnlich feuchtes, kaltes Wetter.

Form und Lage der Jahresringe verraten aber noch mehr über die Ereignisse aus der Vergangenheit eines Baums. Rechts findest du ein paar typische Ringmuster, aus denen sich Hinweise ablesen lassen.

Es gibt keine zwei Bäume mit völlig identischen Formen und Jahresringmustern.

Die Delle auf einer Baumseite zeigt, dass hier einmal ein Ast gewachsen ist.

Dieser Baum ist sehr ungleichmäßig gewachsen: Vielleicht lag eine Seite im Schatten oder der Wind drückte den wachsenden Baum zur Seite.

In den ersten zehn Jahren seines Lebens machte dieser Baum eine harte Zeit durch. Danach ist er deutlich stärker gewachsen.

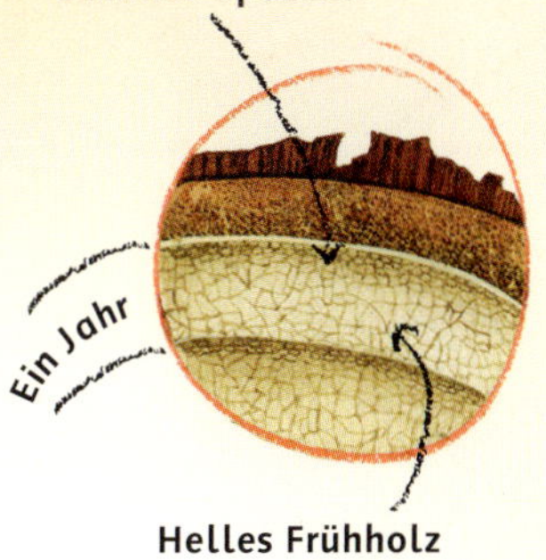

Im Frühling wächst der Baum schneller, dann entsteht oft helleres Holz, das sogenannte Frühholz. Das dunklere Spätholz bildet sich im Sommer, wenn der Baum langsamer wächst. Helle und dunkle Abstufungen bleiben als Maserung im Holz von Brettern, Fußböden oder Möbeln erhalten.

Die Rinde

Die Rinde eines Baums kann so charakteristisch sein wie Blätter oder Früchte. Schau genau hin und fasse die Rinde an.

Birkenrinde löst sich in schmalen, papierdünnen Streifen ab.

Bei älteren Platanen löst sich die Rinde in großen Schuppen ab.

Buchen haben eine dünne, glatte Rinde.

Die Rinde schützt den Baum wie eine Art Haut vor Schäden und vor dem Verlust von Wasser. Außerdem sorgt sie für eine gleichbleibende Temperatur im Baumstamm. Direkt unter der Rinde liegen zarte Gewebe, in denen Nährstoffe transportiert werden. Sie können beschädigt werden, wenn man die Rinde entfernt. Ohne Rinde könnten Pilze und andere Schädlinge in den Stamm eindringen oder er könnte austrocknen. In Gebieten mit häufigen Waldbränden kann die Rinde den Baum sogar vor zu großer Hitze schützen. Das gilt zum Beispiel für australische Eukalyptusbäume oder amerikanische Mammutbäume.

Eine dicke Haut

Die Rinde besteht aus zwei Lagen: aus der äußeren Rinde, auch Borke genannt, und der inneren Rinde, die jedes Jahr neu gebildet wird. Die Dicke der Rinde hängt von der Baumart ab. Birken haben nur eine etwa 1 cm dicke Rinde, die Rinde mancher Mammutbäume kann bis zu 30 cm dick sein.

Die tote Rinde des Baums kann sich nicht ausdehnen, wenn der Stamm dicker wird. Junge Bäume haben noch eine glatte, durchgehende Rinde. Bei älteren, dickeren Bäumen zeigen sich Risse und Spalten. Schließlich reißt die Rinde sogar auf und schält sich in Stücken ab. Form und Farbe der Rinde können dir beim Bestimmen eines Baums helfen.

Löcher

Größere Löcher in der Baumrinde können von Tieren stammen. Die Rinde bildet aber auch kleinere, ganz natürliche Löcher. Durch sie kann der Baum „atmen" und seine Gewebe mit Luft versorgen. Solche Atemlöcher fallen auf glatter Rinde besonders gut auf: Sie gleichen kleinen Wunden oder schmalen Streifen.

Die rauen Streifen in der Rinde eines Kirschbaums sind seine „Atemlöcher".

Die schokoladenbraune Rinde des Zimtahorns löst sich in papierdünnen Schuppen und Büscheln ab.

Abdrücke von Rinden

Wenn du dir einen kleinen „Rinden-Katalog" anlegen willst, kannst du Abdrücke herstellen. Dazu hast du zwei Möglichkeiten:

1. Diese Methode ist besonders einfach. Drücke Papier auf die Rinde und streiche mit einem Wachsmalstift gleichmäßig darüber. Das Rindenmuster drückt sich auf das Papier durch.

2. Drücke das Papier auf die Rinde und streiche mit einer weißen Kerze darüber. Zu Hause malst du mit Wasserfarbe darüber. An den eingewachsten Stellen bleibt das Papier weiß.

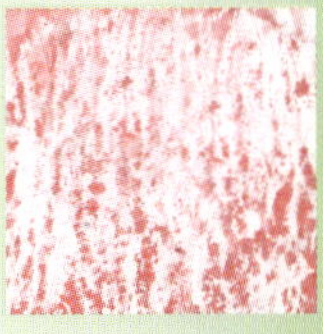

Die Wurzeln

Wurzeln sind lebenswichtig für einen Baum: Sie verankern ihn im Boden, vor allem aber versorgen sie ihn mit Wasser und Bodennährstoffen. An manchen Tagen saugen die Wurzeln Hunderte Liter Wasser auf. Außerdem speichert der Baum Nährstoffe in der Wurzel.

Viele Bäume haben eine dicke Hauptwurzel, die tief und gerade nach unten wächst. Von ihr zweigen Seitenwurzeln ab, die sich nahe der Erdoberfläche zu einem dichten Netz verzweigen. Daran sitzen die noch dünneren Feinwurzeln. Sie haben geschützte Wurzelspitzen, die sich in den Boden schieben, wenn die Wurzeln wachsen. Jedes Jahr bilden sich an den Feinwurzeln winzige Wurzelhaare. Sie saugen Wasser und Bodennährstoffe auf. Beides fließt durch die Wurzel, den Stamm und weiter bis in die Blätter.

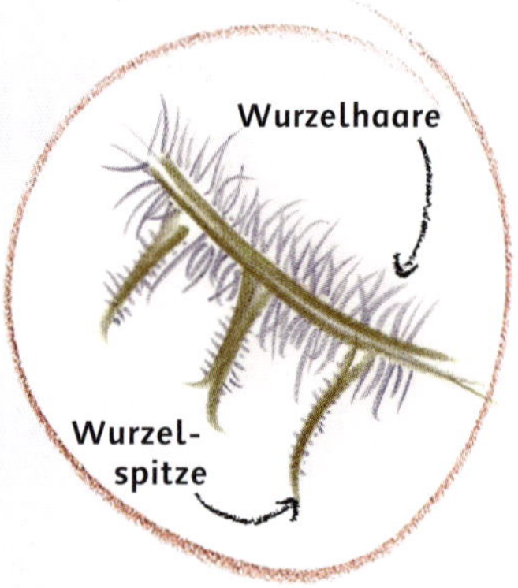

Das Leben im Boden

Zwischen den Wurzeln leben unzählige Bodentierchen. Viele Insektenlarven schaden dem Baum, weil sie die frischen Wurzelspitzen fressen. Es gibt aber auch nützliche Tiere: Regenwürmer wühlen den Boden auf, sie durchlüften ihn und ziehen Blätter nach unten. Die Blätter werden zu Bodennährstoffen – zu neuem Dünger für den Baum.

SCHON GEWUSST?

Würgefeigen haben Wurzeln in der Luft und in der Erde: Sie reichen von den Zweigen bis in den Boden und stützen den Baum ab.

Groß und stark

Die Wurzeln eines Baums reichen nicht so tief in die Erde, wie du vielleicht vermutest. Selbst die Hauptwurzeln großer Bäume sind selten länger als 1,50 m. Dafür breiten sie sich überraschend weit seitlich in der Erde aus. Wie die Äste werden auch die Wurzeln von Jahr zu Jahr dicker und länger. Die meisten Seitenwurzeln liegen etwa 1 m tief, bilden aber ein weitreichendes Netz. Es kann sich bis zu einer Entfernung ausbreiten, die der Höhe des Baums entspricht. Selbst die stärksten Wurzeln halten einem Orkan nicht Stand. Wenn du einen entwurzelten Baum siehst, dann schau dir seine Wurzeln genau an.

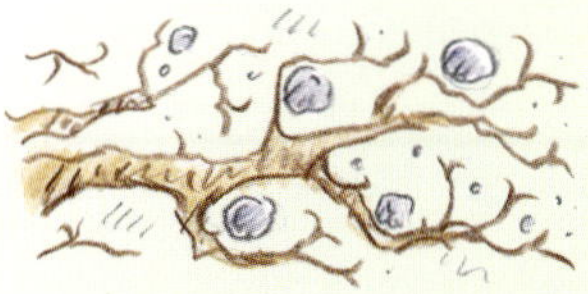

Wenn eine wachsende Wurzel auf einen Stein stößt, wächst sie darum herum.

Alte Wurzeln verholzen und bilden ein weit ausgebreitetes, stabiles Netz, das den Baum im Boden verankert.

Ein Sturm hat diese Ulme umgeweht und die Wurzel abgerissen. Der größte Teil der Wurzel liegt noch unter der Erde.

Panaschierte (zweifarbige) Blätter, wie diese Stechpalmenblätter, sind selten.

Die Salweide hat dunkelgrüne, runzlige Blattoberseiten. Die raue Unterseite ist graugrün.

Die Blätter

Betrachte die Blätter ganz genau und fasse sie an. So lernst du einen Baum am besten kennen. Je mehr Details du aufschreibst, umso leichter wirst du den Baum später bestimmen können.

Nimm ein Blatt in die Hand und streiche mit dem Finger vorsichtig über Vorder- und Rückseite sowie über den Rand. Wie fühlt es sich an? Junge Blätter, die sich gerade erst geöffnet haben, sind glatt und weich, ältere Blätter fühlen sich ledrig oder fest an. Einige sind zerknittert, andere klebrig, manche haben spitze Stacheln oder weiche Haare.

Wie sieht das Blatt aus? Ist es breit oder nadelartig schmal, weich oder fest? Welche Farbe hat es? Wie lang ist der Blattstiel, wie ist er geformt und gefärbt?

Diese jungen Buchenblätter sind samtweich behaart. Ältere Blätter verlieren die Haare.

Wozu sind Blätter gut?

Blätter haben eine wichtige Aufgabe: Sie stellen Nahrung für den Baum her. Die grüne Farbe der Blätter wird durch den Blattfarbstoff Chlorophyll verursacht, der wie ein Sonnenkollektor funktioniert: Er fängt das Sonnenlicht ein und nutzt die Energie für eine chemische Reaktion. In den Blättern werden aus Kohlendioxid (aus der Luft) und Wasser (aus dem Boden) Nährstoffe für den Baum gebildet. Dabei wird Sauerstoff abgegeben, den die Menschen und die Tiere zum Leben brauchen. Diesen Vorgang nennt man Fotosynthese.

Jedes Blatt wird von Adern durchzogen. Sie verästeln sich immer feiner, bis sie schließlich mit dem bloßen Auge nicht mehr sichtbar sind. Das Wasser fließt durch Wurzeln, Stamm, Ast und Zweig bis in die Adern des Blattes. Aus den Blättern fließen die Nährstoffe durch andere Kanäle in den Adern zurück in den Baum. Das Wasser gibt vielen Blättern ihre Form. Ohne Wasser werden sie schlaff und verwelken.

Die flache Blattoberfläche fängt das Sonnenlicht ein.

Die Sonne trifft nur die Blattoberseite. Deshalb sind viele Blätter an der Unterseite heller.

SCHON GEWUSST?

Blätter bewegen sich im Wind, können sich aber auch – sehr langsam – aus eigener Kraft bewegen. Auf diese Weise drehen sie sich optimal zur Sonne.
Stelle eine Topfpflanze auf die Fensterbank und warte einige Tage ab. Die Blattflächen drehen sich zum Fenster.

Blatt des Silberahorns

Die dickste Ader (Mittelrippe) verläuft in der Blattmitte. Von ihr zweigen feinere Adern ab.

Ein fester Stiel verankert das Blatt am Zweig.

Das Wasser fließt aus dem Stamm bis in die Blätter.

Die Adern in einer Nadel verlaufen ganz gerade. Sie fallen kaum auf.

Blattformen

Einfache Blätter haben eine geschlossene Fläche, sind rund oder oval, herzförmig oder schmal. Der Rand ist glatt, eingebuchtet oder gezähnt.
Zusammengesetzte Blätter bestehen aus mehreren Teilblättchen, die alle am selben Blattstiel sitzen. Die meisten Teilblättchen, die Fiedern, stehen sich paarweise oder etwas versetzt gegenüber. Bei manchen Blättern laufen sie handförmig zusammen.
Zusammengesetzte Blätter können besonders groß werden. Die Blätter der afrikanischen Raffiapalme werden bis zu 25 m lang – so lang wie ein Blauwal!

Das einfache Blatt der Linde ist herzförmig.

Der Rand eines Eichenblatts ist wellenartig eingebuchtet.

Der Rand eines Esskastanienblatts erinnert an eine Säge mit feinen Zähnchen.

Magnolien haben einfache Blätter mit glattem Rand.

Das Blatt der Rosskastanie ist ein gutes Beispiel für handförmig gefiederte Blätter.

Bei der Esche sitzen mehrere Fiederblättchen an einem Blattstiel.

Die Nadeln einer Zeder stehen in kleinen Büscheln zusammen.

Atlaszeder

Nadeln und Schuppen

Fast alle Nadelbäume haben schmale nadelartige Blätter, einige auch kürzere und breitere Schuppen. Dennoch sind keineswegs alle Nadelbäume gleich: Auch Nadeln kommen in unterschiedlichen Formen, Größen und Anordnungen vor. Die Schuppen des Mammutbaums, des größten Baums der Welt, sind kleiner als dein Fingernagel.

Äste und Zweige der Araukarie sind mit harten, spitzen, sich überlappenden Schuppen bedeckt.

Diese Lawson-Scheinzypresse hat sehr kleine, schuppenartige Blättchen.

Kiefernnadeln stehen in Zweier-, Dreier- oder Fünfergruppen zusammen.

Waldkiefer (Zweiergruppen)

Monterey-Kiefer (Dreiergruppen)

Zirbelkiefer (Fünfergruppen)

Bunter Herbst

Im Herbst verfärben sich die Blätter der Laubbäume. Jetzt bereiten sie sich auf den Winter vor. Wenn die Tage kürzer und kühler werden, transportiert ein Baum das Chlorophyll in seine Vorratsspeicher. Das Grün bleicht aus und andere Farben wie Rot, Gelb oder Orange, die bisher darunter verborgen waren, sind nun zu sehen. Der Herbst ist die beste Jahreszeit, um Blätter zu sammeln und mit ihnen zu basteln.

Bergahorn

Feldahorn

Rosskastanie

Buche

Eberesche

Stieleiche

Die Farbstoffe der Herbstblätter waren schon immer vorhanden, wurden aber vom grünen Chlorophyll überdeckt.

Die Blätter der Roteiche färben sich im Herbst rötlich braun.

Deine Blattsammlung

Eine Blattsammlung mit gepressten Blättern ist eine schöne Erinnerung an die Bäume, die du schon kennengelernt hast.

Notiere zu jedem Blatt, wo du es gefunden hast und von welchem Baum es stammt.

1. Sammle einige Blätter und entferne Wasser und Schmutz. Außerdem brauchst du Löschpapier oder Papiertaschentücher und ein paar richtig schwere Bücher.

2. Lege jedes Blatt zwischen zwei Papiere und drücke es unter einem Bücherstapel platt.

3. Klebe die Blätter vorsichtig mit Klebeband in ein Notizbuch ein und schreibe daneben, was du über den Baum weißt.

Blattskelette

Manchmal trocknen Blätter völlig aus und zerfallen. Dann bleibt nur ein feines Netz aus Blattstiel und Adern übrig. Suche im Winter nach solchen Blättern. Mit etwas Glück findest du sogar ein vollständiges Blattskelett. Du kannst aber auch einen Abdruck herstellen: Suche nach einem sauberen, trockenen Blatt und bedecke es zu Hause mit einem Papier. Streiche mit einem Buntstift vorsichtig darüber, bis sich die Adern auf dem Papier abzeichnen.

Mit solchen Abdrücken kannst du dir eine bunte Blattsammlung zusammenstellen.

Die Bergulme hat, wie die meisten Laubbäume, eine kugelförmige Krone.

Bei „Trauerformen" biegen sich die Enden der Zweige zum Boden.

Viele Nadelbäume, aber nur wenige Laubbäume, haben eine kegelförmige Krone.

Die Pyramidenpappel gehört zu den wenigen Laubbäumen mit schmaler, hoher Krone.

Baumformen

Manche Bäume erkennt man schon an ihrer charakteristischen Form. Schau dir einen Baum aus einiger Entfernung an, damit du seine Form mit einem Blick erfassen kannst.

Ist der Baum hoch und schlank oder eher stämmig und ausladend? Sind seine Äste nach oben gerichtet oder hängen sie nach unten? Sehen sie vielleicht aus wie die ausgestreckten Arme einer Vogelscheuche?

Die Form der Baumkrone richtet sich nach den Umweltbedingungen. Bäume, die an sonnigen Standorten wachsen, haben eine weit nach unten reichende Krone. Die Blätter stehen dicht an dicht, um möglichst viel Sonnenlicht einzufangen. In einem Wald dringt viel weniger Licht bis zum Boden durch. In diesem Schatten sterben die unteren Äste der Bäume oft ab.

Drachenbäume wachsen in den Bergen der Kanarischen Inseln. Das Klima ist warm, doch der Himmel ist häufig voller Wolken.

Die schirmförmige Krone fängt jeden Sonnenstrahl ein.

An der Krone schlägt sich das Wasser aus Nebel und Wolken nieder. Es tröpfelt an Zweigen und Stamm zu Boden und wird von den Wurzeln aufgenommen.

Bäume an der Küste wachsen oft knorrig und verdreht. Sie sind ständig Wellen oder starkem Wind ausgesetzt.

Ungewöhnliche Formen

Ist dir schon einmal aufgefallen, dass bestimmte Bäume ganz anders aussehen als ihre nahen Verwandten? Die Form eines Baums wird von vielen Faktoren beeinflusst: zum Beispiel vom Wetter, vom Standort und von den Nachbarbäumen.

Einzeln stehende Bäume wie diese Eiche können ihre Kronen frei ausbreiten. Sie treiben schon dicht über dem Boden Seitenäste aus.

Diese eng stehenden Eichen können nur in die Höhe wachsen. Sie werden schmaler und höher. Die Krone setzt an einem hohen, astlosen Stamm an.

Bäume im Gebirge bleiben wegen der kalten, trockenen Winde oft klein und knorrig.

Diese Bäume wurden „auf den Stock" zurückgeschnitten.

Beschneiden und Stutzen

Manchmal wird die Form eines Baums mit Absicht verändert. Wenn ein junger, gesunder Baum stark zurückgeschnitten wird, bildet er zahlreiche Jungtriebe aus. Diese Zweige werden Stockaustriebe genannt. Bei manchen älteren Bäumen schneidet man die Zweige bis zum Stamm zurück. Häufig stehen solche Bäume neben einer Straße. Mit weit ausgebreiteten Zweigen würden sie den Verkehr gefährden.

Weiden werden häufig zu „Kopfbäumen" gestutzt.

Die Knospen

Die Knospe des Bergahorns hat sich gerade geöffnet. Langsam entfalten sich die neuen Blätter – das dauert ein bis zwei Tage.

Im Winter sehen Bäume kahl und tot aus. Wenn du aber genau hinschaust, entdeckst du jetzt die Knospen auf ihren Zweigen am besten.
Die Knospenschuppen umschließen eng gefaltete, winzige Blätter, Blüten oder neue Triebe. Sie erwachen erst im nächsten Frühling. Die Knospen mancher Bäume sind genauso unverwechselbar wie die Blätter oder die Form der Krone. Auf Seite 70–71 kannst du einige besonders typische Knospenformen kennenlernen.

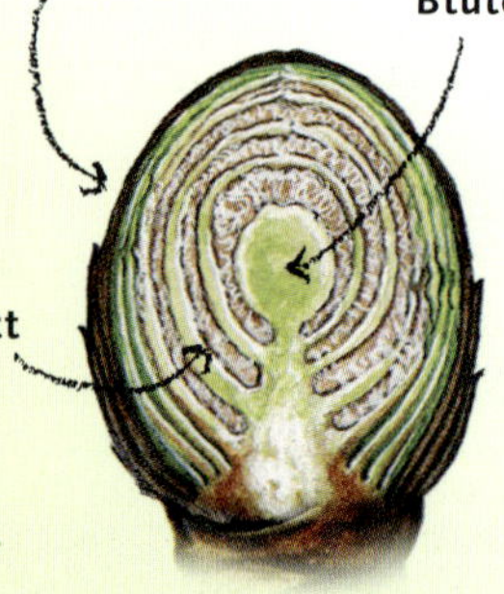

Bei dieser längs halbierten Knospe kannst du die dicht gepackten Blätter erkennen.

Die weichen Härchen auf Magnolienknospen fühlen sich an wie das Fell eines Kätzchens.

Fast alle Knospen schließen außen mit dicken, überlappenden Schuppen ab. Sie schützen das empfindliche Innenleben der Knospe vor Frost. In Gegenden mit sehr trockenen Wintern verhindern sie das Austrocknen der Knospe. Einige Baumarten haben keine echten Knospenschuppen. Bei ihnen sind die Außenseiten der geschlossenen Blätter zum Schutz dicht behaart.

Knospenwachstum

Wenn es im Frühling wärmer wird, schwellen die neuen Triebe an und sprengen die Knospenschuppen auf. Am Ende des Sommers bildet sich an der Spitze jedes Triebs eine neue Knospe. Sie wird sich im nächsten Jahr öffnen.

Der Haupttrieb ist drei Jahre alt (zähle die Narben der Knospenschuppen). Der Seitentrieb ist zwei Jahre alt.

Du musst nicht bis zum Frühling warten, bis sich die neuen Knospen öffnen. Schneide im Januar einen Zweig ab und stelle ihn im warmen Zimmer in einer Vase ans Fenster. Das klappt am besten mit Salweide, Birke, Rosskastanie oder Forsythie.

WICHTIG!
Frage immer erst den Besitzer, ehe du einen Zweig entfernst. Breche den Zweig nicht ab, sondern schneide ihn ab. Sonst wird der Baum unnötig verletzt.

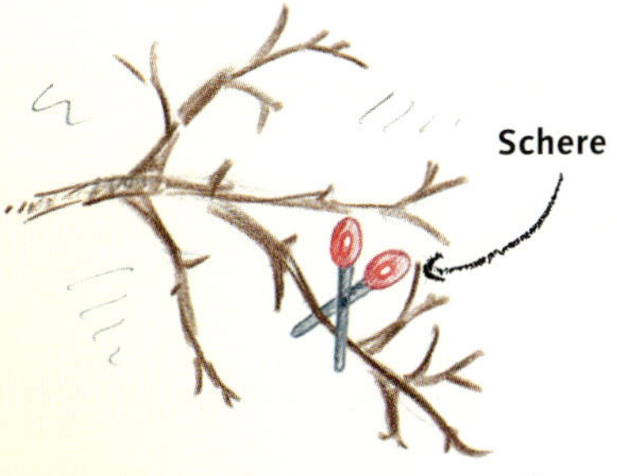

1. Suche nach einem gesunden Zweig. Schneide ihn 25 cm unterhalb der Spitze ab.

2. Stelle die Zweige in einer Vase oder in einem Glas mit Wasser ans Fenster.

3. Gieße regelmäßig Wasser nach. Nach einigen Wochen öffnen sich die Knospen.

Die Blüten

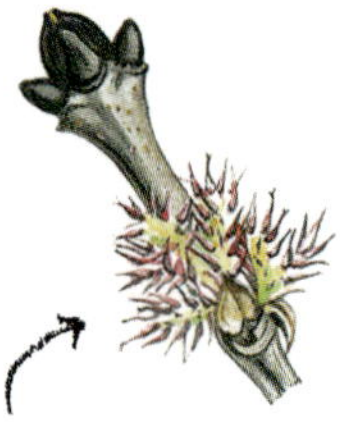

Die purpurnen Büschel der Eschenblüten sind winzig. Man muss schon genau hinschauen, um sie zu entdecken.

Auch wenn sie sehr unterschiedlich aussehen, in einem Punkt sind Blumen und Bäume gar nicht so verschieden: Beide bilden Blüten. Ohne Blüten gäbe es keine Samen für neue Bäume. Jede Baumart bildet charakteristische Blütenformen. Manche sind groß und prächtig, andere so winzig, dass man sie fast nicht als Blüten erkennt.

Blüten haben einen weiblichen und einen männlichen Teil. Die männlichen Staubgefäße bilden den pulverartigen Blütenstaub (Pollen). In den weiblichen Fruchtknoten bilden sich winzige Eizellen. Wenn ein Pollenkorn eine Eizelle erreicht, ist die Blüte bestäubt. Sie wirft die Blütenblätter ab und verwandelt sich in eine Frucht mit Samen.

Magnolienblüten sind nicht zu übersehen. Sie können faustgroß sein, sehen prachtvoll aus und duften frisch und süß.

SCHON GEWUSST?

Feigen haben vermutlich die merkwürdigsten Blüten aller Bäume: Sie wachsen nach innen, in einen Hohlraum der Feige hinein.

Blüte eines Pfirsichbaums (halbiert)

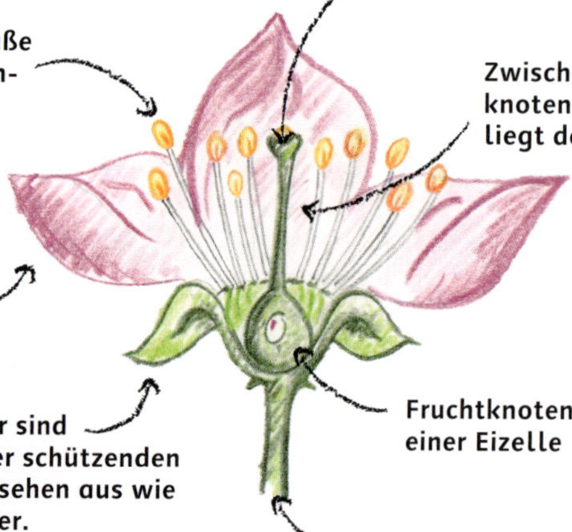

Blütenformen

Blüten treten in drei Grundformen auf. Bei vielen Bäumen, dazu gehören auch die Nadelbäume, sind männliche und weibliche Blüten getrennt, wachsen aber auf demselben Baum. Bei Äpfeln, Pflaumen und den meisten anderen Baumarten stehen männliche und weibliche Anteile gemeinsam in einer einzigen Blüte. Bei relativ wenigen Baumarten, beispielsweise Eschen und Eiben, wachsen männliche und weibliche Blüten auf unterschiedlichen Bäumen.

Die Blüten des Apfelbaums enthalten männliche und weibliche Anteile.

Bei der Stechpalme sitzen männliche und weibliche Blüten auf unterschiedlichen Bäumen.

Einige Bäume haben Blüten in Form von hängenden Kätzchen. Kätzchen können männlich oder weiblich sein. Wenn du an einem Baum auffällige Kätzchen und am Ende des Zweiges kleine Blüten entdeckst, sind die Kätzchen meist männliche, die anderen weibliche Blüten.

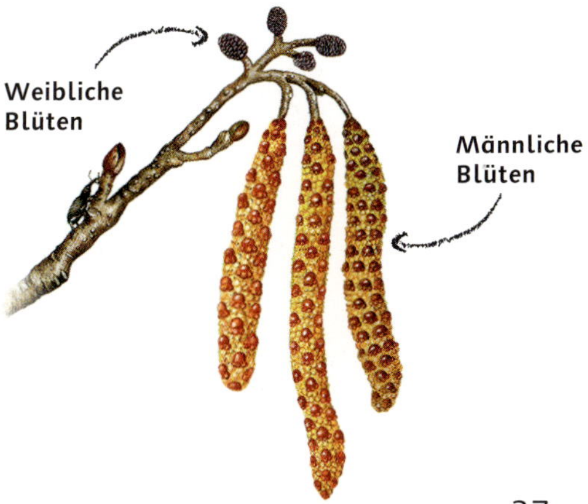

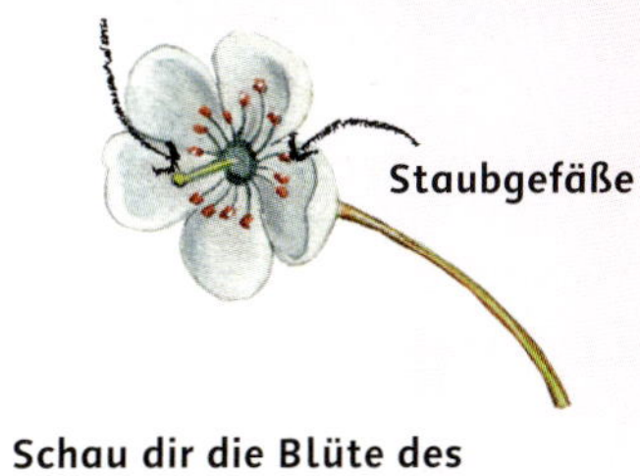

Schau dir die Blüte des Weißdorns genau an. Erkennst du Staubgefäße und Griffel?

Pollenflug

Die Blüte allein garantiert noch keine neuen Samen. Früchte und Samen können sich erst bilden, wenn der Pollen einer Blüte zu einer anderen transportiert wird und sie bestäubt.

Transportmittel

Viele Blüten „beauftragen“ Insekten mit diesem wichtigen Job. Sie locken die Insekten mit leuchtenden Farben oder einem intensiven Duft an. Manche halten außerdem eine süße Flüssigkeit für die Insekten bereit: den Blütennektar.
Dieser süße Saft ist aber nicht nur dazu da, den Insekten etwas Gutes zu tun. Es handelt sich auch um eine Art „Bestechung“: Die Insekten landen, um den Nektar zu trinken. Dabei bleibt etwas Blütenstaub an ihnen kleben, den sie dann weitertragen. Andere Bäume locken Vögel, Fledermäuse oder kleine Säugetiere für diese Arbeit an.

Der Duft der Apfelblüte lockt die Biene an – sie landet.

Die Biene klammert sich fest und trinkt Nektar. Blütenstaub bleibt an ihr kleben.

Die Biene fliegt zur nächsten Blüte und streift den Blütenstaub an der Narbe ab.

Ein Australischer Honigbeutler nascht den Nektar eines Eukalyptusbaums und pudert sich dabei mit Blütenstaub ein.

Schön oder unauffällig?

Die Insekten, die den Blütenstaub transportieren, suchen sich die Blüte nicht etwa zufällig aus. Viele Insekten bevorzugen Blüten mit einer bestimmten Form, Farbe und einem besonderen Duft. Das kannst du selbst einmal beobachten: Betrachte eine Zeit lang die Blüten eines Baums. Welche Insekten landen, welche nicht?

Daneben gibt es auch Bäume, deren Blüten ohne leuchtende Farben, Duft und Nektar auskommen. Sie müssen keine Insekten anlocken, da ihre Pollen vom Wind verbreitet werden. Hängende Kätzchen sind prall gefüllt mit Blütenstaub, der mit jeder Brise weggeweht wird.

Schmetterlinge und Vögel mögen rote, rosa oder purpurne Blüten.

Der Blütenstaub der männlichen Bruchweidenblüten wird vom Wind zu den weiblichen Blüten getragen.

Weibliche Blüten der Bruchweide

Von der Biene zu dir

Wenn der Pollen von einem Baum auf der Narbe einer anderen Blüte derselben Art gelandet ist, beginnt das Wachstum der Frucht. In Obstplantagen überall auf der Welt transportieren Millionen Bienen Jahr für Jahr große Mengen von Blütenstaub. Damit bestäuben sie die Blüten – und wir können viele leckere Früchte essen.

Ohne die fleißigen Blütenstaub-Transporteure gäbe es diese Produkte nicht im Supermarkt:

Äpfel

Mandeln

Kaffeebohnen

Früchte und Samen

Kurz nach der Bestäubung der Blüte fallen die Blütenblätter ab und die Eizelle, die im Fruchtknoten befruchtet wurde, verwandelt sich in einen Samen. Aus dem Fruchtknoten wird die Frucht.

Jede dieser Kirschen enthält einen Samen mit harter Schale. Aus ihm kann ein neuer Kirschbaum heranwachsen.

Sowohl der leckere Apfel als auch die stachelige Rosskastanie sind Früchte. Die Aufgabe einer Frucht besteht darin, die Samen zu schützen und möglichst weit zu transportieren. So kann an anderer Stelle ein neuer Baum wachsen.

SCHON GEWUSST?

Einer der eigenartigsten Bäume wächst in Asien: der Durian-Baum. Seine Früchte sind so groß wie Fußbälle. Sie sind mit Stacheln bedeckt und stinken faulig. Ihr Fruchtfleisch soll aber köstlich schmecken.

Aus einer bestäubten Pfirsichblüte …

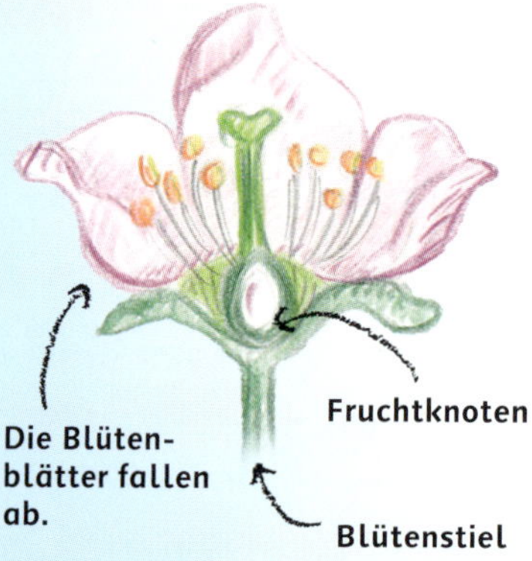

Die Eizelle im Fruchtknoten wird zum Samen.

… wird ein reifer, saftiger Pfirsich.

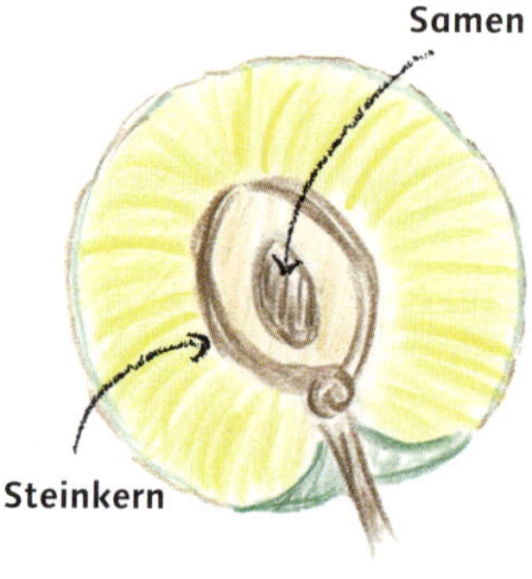

Aus Blütenstiel und Fruchtknoten wird die Frucht.

Früchte von Laubbäumen

Es gibt Früchte in allen möglichen Größen, Formen und Farben. Manche sind weich und kompakt, wie Äpfel, Pfirsiche, Kirschen und Pflaumen. Andere sind beerenartig oder bilden Hülsen. Einige Früchte enthalten nur einen einzigen großen, andere viele kleine Samen.

Die Früchte dieser Laubbäume sehen zwar völlig unterschiedlich aus, sie erfüllen aber alle denselben Zweck.

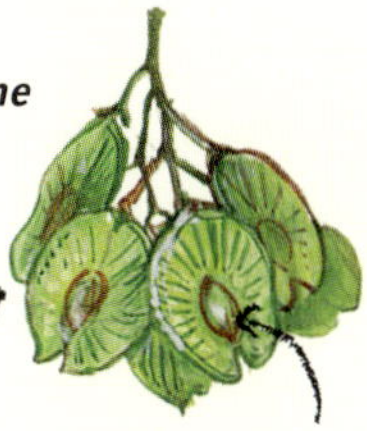

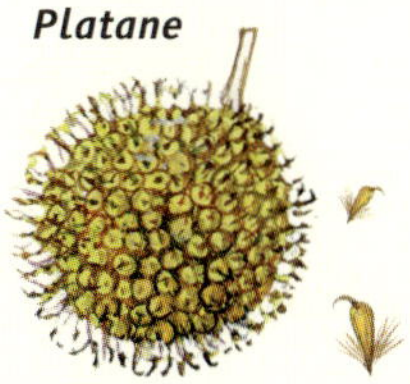

Haselnussbäume und andere Arten bilden Nussfrüchte. Sie haben kein weiches Fleisch, sondern eine steinharte, äußere Schale. Der Samen gelangt nur ins Freie, wenn die Schale geöffnet wird oder zerbricht. Manche Früchte bilden zum Schutz des Samens Stacheln aus.

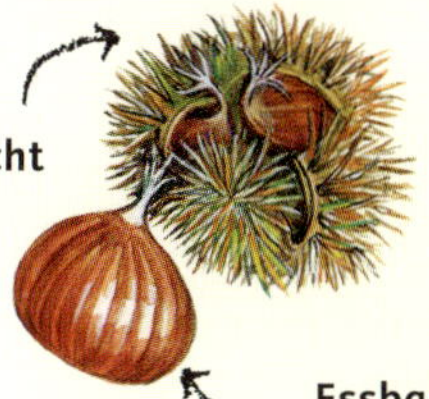

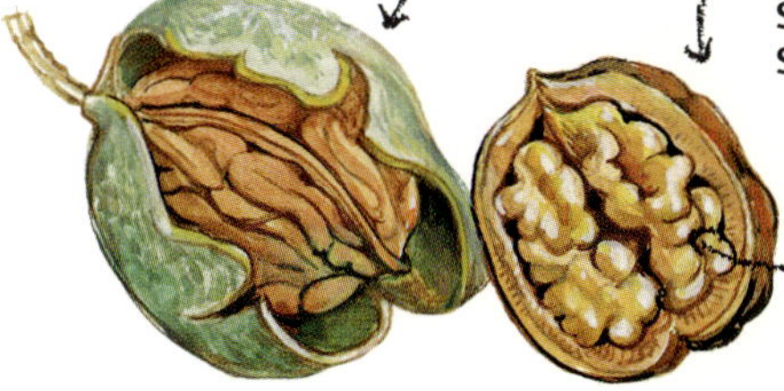

Zapfen

Die Samen der Nadelbäume werden nicht von einer Frucht umschlossen. Sie sitzen zwischen den harten Schuppen eines Zapfens. Zapfen entstehen aus den weiblichen Blüten des Baums. Sobald sie bestäubt wurden, wächst der Zapfen heran, er verfärbt sich von Grün nach Braun und seine Schuppen werden hart. Wenn er ausgereift ist, öffnen sich die Schuppen und lassen die Samen frei. Manche Zapfen zerfallen nach und nach auf dem Baum, andere fallen als Ganzes zu Boden, sobald alle Samen herausgeflattert sind.

Es dauert ein Jahr, bei manchen Baumarten sogar zwei Jahre, bis die Zapfen reif sind. Einige hängen noch lange leer am Baum, andere fallen schon herunter, bevor alle Samen herausgefallen sind. Dann freuen sich die Tiere am Boden über den nahrhaften Samen.

SCHON GEWUSST?

Manche Zapfen öffnen sich nur bei einem Waldbrand. Die Hitze lässt sie aufplatzen.

1. Zapfen entwickeln sich aus den weiblichen Blüten.

2. Nach der Bestäubung der Blüten verwandeln sich die Eizellen des Zapfens in Samen. Zunächst ist der Zapfen noch grün.

3. Die meisten reifen Zapfen sind braun und hart. Die Schuppen öffnen sich bei trockenem, warmem Wetter.

Kiefernzapfen verstreuen ihre Samen über mehrere Jahre.

Zapfenformen

Es gibt viele unterschiedliche Zapfenformen. Einige sind klein wie eine Erbse, andere so lang wie ein Arm. Es gibt lange und runde, glatte, knotige, klebrige oder faltige Zapfen. Und manche sehen überhaupt nicht wie Zapfen aus.

Zapfen wachsen einzeln oder, wie diese Kiefernzapfen, in Gruppen.

Junge Zapfen der Lawson-Scheinzypresse

Zapfen der Libanonzeder

Zapfen der Gewöhnlichen Fichte

Die Zapfen von Wacholder und Eibe sehen aus wie Beeren.

Eibe

Wacholder

Wettervorhersage

Früher haben manche Menschen die Zapfen dazu benutzt, das Wetter vorherzusagen. Kiefern- und Fichtenzapfen öffnen sich nämlich nur bei trockenem, warmem Wetter – dann fliegen die Samen besonders weit. Wenn es kalt oder feucht wird, schließen sich die Zapfen. Das kannst du leicht selbst beobachten: Lege einen geschlossenen Zapfen über die Heizung und warte ab.

Bei kühlem Wetter ist der Zapfen dicht geschlossen.

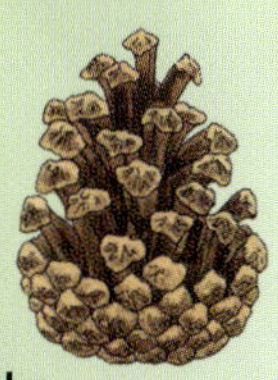

Bei heißem, trockenem Wetter öffnet sich der Zapfen.

Samenverbreitung

Viele Früchte, die Samen enthalten, fallen vom Baum, bevor sie reif sind. Andere werden durch Baumkrankheiten oder Insekten in ihrem Wachstum behindert. Aber selbst wenn Früchte und Samen in Ruhe reifen können, ist die Vermehrung noch nicht gesichert. Der Samen muss heil vom Baum kommen und möglichst weit weg wieder zu Boden fallen. Direkt neben dem Mutterbaum müsste er um Wasser, Platz und Licht kämpfen.

Da Samen sich nicht selbst bewegen können, sind sie auf Hilfe angewiesen. Genau aus diesem Grund schmecken viele Früchte, Beeren und Nüsse so gut. Denn ein Tier, das eine Frucht frisst, transportiert den Samen vom Mutterbaum weg.

Eichhörnchen vergraben Haselnüsse als Wintervorrat. Doch sie finden nicht alle Nüsse wieder. Einige davon wachsen zu neuen Bäumen heran.

Vögel und andere Tiere werden von den roten Beeren der Eberesche angelockt und fressen sie mitsamt den Samen auf.

Der Vogel fliegt weg. Er kann zwar die Beeren, aber nicht die Samen verdauen. Sie fallen mit dem Vogelkot irgendwo auf die Erde und können zu einem neuen Baum heranwachsen.

Windkraft

Der Samen wird nicht immer von Tieren verbreitet. Bei manchen Bäumen ist auch der Wind dafür zuständig. Dazu besitzen manche Früchte fedrige „Fallschirme" oder papierdünne „Flügel", die im Wind gleiten. Es gibt sogar Früchte, die sich wie Mini-Hubschrauber drehen und erst weit entfernt vom Mutterbaum landen.

Wenn du eine solche Frucht findest, dann wirf sie in die Luft und beobachte, wie sie zu Boden schwebt.

Die Samen der Weide haben leichte, fedrige „Fallschirmhaare". Sie werden vom Wind weggetragen oder schwimmen auf dem Wasser.

Die Früchte des Bergahorns bestehen aus zwei Samen mit papierartigen Flügeln.

Weide

Gute Schwimmer

Die Früchte von Bäumen, die in der Nähe von Flüssen oder dem Meer wachsen, werden vom Wasser transportiert. Kokospalmen haben besonders große, innen hohle Früchte: die Kokosnüsse. Manche treiben Tausende von Kilometern auf dem Meer, bis sie am Strand einer Insel angespült werden. Dort können sie zu einer neuen Palme heranwachsen.

Erlen wachsen häufig direkt am Wasser. Ihre Samen sind von einer ölhaltigen Schicht umgeben – so können sie lange auf der Wasseroberfläche schwimmen.

Grundsätzlich kannst du jeden Samen in die Erde stecken und abwarten. Sollte es nicht funktionieren, versuche es einfach mit einem anderen.

Esskastanie

Apfel

Birne

Kirsche

Dein eigener Baum

Willst du genau wissen, wie ein Baum wächst? Dann säe deinen eigenen Baum aus. Das kannst du mit jedem Samen aus einer reifen, nicht gekochten Frucht ausprobieren. Im Herbst klappt es besonders gut mit Nüssen und Samen, die du draußen findest.

Du kannst das Experiment auch mit Kirschsteinen, Birnen- oder Apfelkernen machen. Pflanze aber jeden Stein oder Kern in einen eigenen Topf. Wie lange es dauert, bis sich die ersten Blättchen durch die Erde schieben, hängt von der Baumart und der Jahreszeit ab. Sollten sich nach etwa sechs Wochen immer noch keine grünen Spitzen zeigen, versuche es mit einem anderen Samen.

Aus einer einzigen kleinen Eichel kann ein neuer Baum heranwachsen.

Die Eiche aus dem Topf

Für jeden Samen brauchst du: einen Blumentopf, kleine Steine, einen Untersetzer, Blumenerde oder Kompost, Eichel* (oder einen anderen Samen), einen durchsichtigen Plastikbeutel, Schnur oder großes Gummiband.

1. Decke den Boden des Blumentopfs mit Steinen ab, damit das Wasser besser abfließen kann. Stelle den Topf auf einen Untersetzer.

2. Fülle den Topf zu zwei Dritteln mit Blumenerde. Gieße die Erde an, bis sie feucht, aber nicht matschig ist.

3. Lege eine Eichel mitten hinein. Eicheln brauchen viel Platz, pflanze deshalb nur eine Eichel pro Topf.

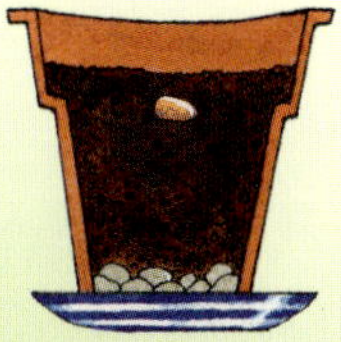

4. Bedecke die Eichel mit Erde, etwa so hoch wie die Eichel selbst, und drücke die Erde leicht an.

5. Binde den Plastikbeutel um den Topf, damit die Erde feucht bleibt. Stelle den Topf an einen sonnigen Platz.

6. Nach einiger Zeit sollte sich ein Keimling zeigen. Jetzt nimmst du den Beutel ab und gießt die Erde zwei- bis dreimal pro Woche, damit sie feucht bleibt.

7. Im Sommer stellst du den Topf mit deiner Mini-Eiche ins Freie. Gieße sie regelmäßig. Im Herbst kannst du dein Bäumchen dann in die Erde pflanzen.

Vor dem Einpflanzen Topferde gut gießen.

8. Grabe ein Loch, das etwas größer ist als der Topf. Klopfe die Erde mit der Eiche vorsichtig aus dem Topf, setze sie ein, drücke die Erde an und gieße sie.

*Eicheln müssen im Herbst gesät werden, so lange sie noch frisch sind. Am besten eignen sich frisch vom Baum gefallene, unbeschädigte Eicheln. Wenn sie zu lange liegen bleiben, trocknen sie aus.

Eine Grasmücke pickt Raupen von den Blättern. Sie sind das Futter für ihre Jungen.

Ein Platz zum Leben

Ein großer Baum gleicht einem Mehrfamilienhaus. Auf jeder Etage wohnen andere Mieter: Die Vögel bauen ihre Nester auf den Ästen und Zweigen. Eichhörnchen und Fledermäuse besetzen die Baumhöhlen. Andere Kleintiere siedeln sich im Boden, zwischen den Wurzeln an. Tiere leben auf allen Bäumen, aber im Wald hast du besonders große Chancen, sie zu entdecken.

Spechte schlagen Löcher ins weiche oder verfaulte Holz und stochern mit ihren langen Zungen nach Insekten.

Schutz und Nahrung

Bäume bieten Schutz und Nahrung für die Tiere. Sie haben hier viel Platz für ihre Nester und in den Höhlen können sie sich gut verstecken. Tiere, die Pflanzen fressen, finden Samen und Beeren. Fleischfressende Arten suchen auf Blättern, in der Baumrinde und im Holz nach allerlei Kleintieren. In einem einzigen Baum können Tausende von Tieren überleben. Doch nicht alle wohnen dauerhaft hier. Manche ruhen sich nur kurz aus oder suchen nach Futter. Lege dich eine Zeit lang auf die Lauer und beobachte einen Baum: Welche Tiere kommen nur zu Besuch und welche leben hier?

Igel durchwühlen die Blätter am Boden. Sie suchen nach Würmern und Insekten.

In den Zweigen

Vogeleltern bauen ihre Nester auf festen Zweigen. Dort sind die Jungen sicherer als am Boden, wo die Feinde lauern. Beobachte die Vogeleltern, wenn die Jungen geschlüpft sind. Sie fliegen ständig an derselben Stelle ein und aus und bringen ihrem Nachwuchs Futter. Manche entdeckst du durch ihren Gesang.

Dieses Rotkehlchen sitzt auf einem Zweig und singt laut. Das bedeutet: „Hier ist mein Revier – Betreten verboten!"

Eichhörnchen bauen manchmal große Blattnester zwischen die Zweige. Diese Nester nennt man Kobel.

Stamm und Rinde

Auf der Rinde eines Baums leben viele Insekten. Vögel und kleine Säugetiere bauen ihre Nester manchmal in Asthöhlen. Die Rinde mancher Bäume ist mit gelben oder grünen Krusten bedeckt, den Flechten. Das sind Pflanzen, die in verschmutzter Luft nicht wachsen können. Je mehr Flechten an einem Baum wachsen, umso sauberer ist die Luft.

Blattflechte

Krustenflechte

Auf der Rinde von Laubbäumen wachsen verschiedene Flechten.

Auf der Suche nach Insekten flitzen die Waldbaumläufer am Baumstamm auf und ab.

Das Rote Ordensband ist ein Nachtschmetterling. Seine Flügel sind auf Baumrinde kaum zu sehen.

Unter dem Baum

Auch unter dem Baum leben und jagen eine Menge Tiere. Diese Tiere sind häufig scheu, du wirst also eher ihre Wohnungen als die Tiere selbst entdecken. Halte aber die Augen offen: Mit etwas Glück findest du hier Insekten, Kaninchen, Wühlmäuse und Spitzmäuse, die nach Nahrung suchen.

Ein größeres Loch zwischen den Wurzeln eines Baums könnte der Eingang zu einer Dachshöhle sein.

Schnecken knabbern an Pflanzen, die unter Bäumen wachsen.

Spitzmäuse sind etwa so groß wie Hausmäuse. Sie suchen unter den Blättern nach Regenwürmern.

Auf dem Boden eines Laubwalds, im Schutz der Bäume, wachsen schöne Pflanzen. Die Krone lässt gerade genug Sonnenlicht durch, damit sie gedeihen können. Typische Pflanzen des Waldschattens sind Farne, Efeu – er klettert sogar die Baumstämme hinauf – und Waldblumen. Auch viele Pilze wachsen unter Bäumen. Sie gehören aber nicht zu den Pflanzen.

Schlüsselblume

Im Schatten der Bäume siedeln sich ganz bestimmte Waldblumen an.

Im Frühling ist der Boden mancher Wälder mit einem blauen Teppich aus Hasenglöckchen bedeckt.

Tiere im Nadelwald

In Nadelwäldern stehen die Bäume dicht an dicht und am Boden ist es düster. Die hohen Bäume lassen fast kein Licht zum Boden vordringen und die herabgefallenen Nadeln bilden einen dicken Teppich. Obwohl hier weniger Pflanzen und Tiere leben als in einem Laubwald, gibt es genug zu erforschen. Mit etwas Glück und Geduld kannst du sogar seltene Tiere entdecken.

Baummarder ziehen sich gern in ruhige Nadelwälder zurück.

Nachts gehen hier die großen Waldohreulen auf die Jagd.

Füchse ziehen ihre Jungen manchmal in Nadelwäldern auf.

Wo sind die Tiere?

Schau dich bei Waldspaziergängen immer genau um. Gehe langsam und versuche leise zu sein. Achte auf jede Bewegung, denn sobald ein Tier dich hört, wird es wegrennen oder auffliegen. Du kannst dir aber auch ein gutes Versteck suchen und geduldig abwarten. Wenn du viele Tiere sehen willst, solltest du regelmäßig wiederkommen.

TOLLE TIPPS

Trage dunkelgrüne oder braune Kleidung, dann bist du zwischen den Bäumen besser getarnt. Nimm ein Fernglas mit; damit kannst du die Vögel in den Baumkronen sehen.

Eichhörnchen reißen die Schuppen von Zapfen ab und fressen die Samen. Nur das raue Mittelstück des Zapfens bleibt übrig.

Spurensuche

Man braucht schon etwas Glück, um die Tiere des Waldes zu sehen. Es macht aber auch viel Spaß, nach ihren Spuren zu suchen. Das können abgeknabberte Nussschalen und Zapfenschuppen unter einem Baum, Federn, in die Baumrinde geklemmte Nüsse, zersplitterte Knochen oder Kothäufchen sein.

Eine Blaumeise hat die harte Nussschale geöffnet, um an den Samen zu kommen.

Essensreste

Tiere verbringen viel Zeit damit, nach Futter zu suchen, und die Reste ihrer Mahlzeiten sind relativ leicht zu finden. Alle Tiere haben ihre ganz bestimmte Technik, mit der sie die Nahrung verspeisen: Sie brechen das Futter auf, zerreißen oder zerbeißen es oder kauen so lange darauf herum, bis es klein genug ist. Mäuse und Eichhörnchen hinterlassen Abdrücke von ihren Zähnen und Vögel picken saubere Löcher in die Schalen ihrer Nahrung.

Diese Buchecker hat einem Specht geschmeckt.

Wenn diese beiden hungrigen Mäuse mit der Rosskastanie fertig sind, wird nicht mehr viel von ihr übrig sein.

Knabbern und Kratzen

Tiere nagen nicht nur Löcher in die Baumrinde, sie hinterlassen auch eine Menge anderer Spuren. Du musst sie nur erkennen. Kleine Säugetiere beispielsweise knabbern an der Rinde oder reißen sie auf, um ihre Krallen zu schärfen. Hirsche schaben mit dem Geweih darüber und andere Tiere kratzen sich an der Rinde, wenn sie etwas juckt. Dabei hinterlassen sie Haare.

Diese Rötelmaus streift die Rinde von einem Zweig und frisst die weiche Schicht darunter.

Federn und Gewölle

Wenn du im Wald oder Garten nach Bäumen suchst, auf denen Vögel leben, dann halte Ausschau nach Federn und Kothäufchen. Einige fleischfressende Vögel würgen auch alle unverdaulichen Teile ihrer Beute als kompakte Päckchen wieder aus. Solche Gewölle liegen oft unter großen alten Bäumen, in denen Eulen gerne sitzen. Mit einem Gewölle kann man etwas über die letzte Mahlzeit des Vogels herausfinden.

Körperfeder eines Fasans

Flügelfeder eines Eichelhähers

1. Fasse ein Gewölle immer nur mit Gummihandschuhen an und lege es in eine Plastiktüte.

Das Gewölle einer Schleiereule und sein Inhalt

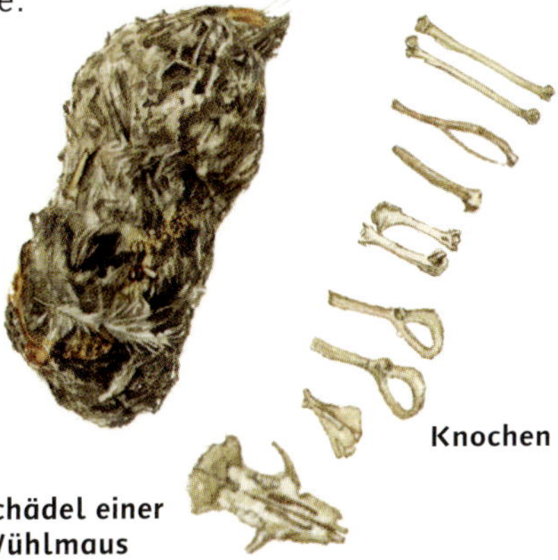

Knochen

Schädel einer Wühlmaus

2. Zu Hause ziehst du den Inhalt mit einer Pinzette vorsichtig auseinander und breitest alles auf einem Papier aus.

Flügelfeder einer Ringeltaube

Diese drei Federn gehören zu Vögeln, die du in Wäldern entdecken kannst.

Leben vom Baum

Viele Tiere leben von den Früchten oder dem Blütennektar der Bäume. Einige lassen sich auch den Baumsaft oder die Blätter schmecken. Damit verletzen sie lebenswichtige Teile des Baums. Normalerweise ist das kein Problem, denn Bäume können zum Beispiel beschädigte Blätter durch neue ersetzen. Manche Tiere richten allerdings großen Schaden an.

Form, Größe und Farbe einer Galle richten sich nach der Insektenart und dem Baum.

Schwamm-kugelgalle

Eine junge Wespe klettert aus einem Loch in der Galle.

Stachelige Galle der Fichtengalllaus

Erwachsenes Insekt

Bei dieser Haselnuss hat der Zeichner ein Stück Schale weggelassen, damit du die Larve im Inneren sehen kannst.

Erwachsener Haselnussbohrer

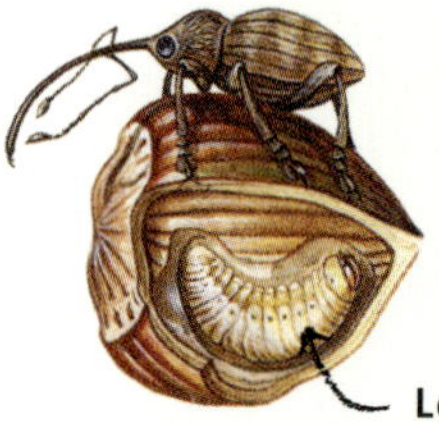

Larve

Gemütliche Hüllen

Viele Insekten legen ihre Eier auf Bäumen ab. So finden die Larven direkt nach dem Schlüpfen genügend Futter. Einige Insekten spritzen gleichzeitig eine chemische Substanz in die Blätter oder grünen Zweige. Der Baum reagiert auf diese „Spritze" und bildet eine Hülle um das Ei: eine Galle. Gallen sind für den Baum meist ungefährlich.

Innerhalb der Galle entwickelt sich zunächst das Ei und später die Larve. Irgendwann beißt sie sich ins Freie durch. Bei manchen Gallen kannst du noch das Ausstiegsloch der Larve erkennen.

Diese verschiedenen Gallen werden von unterschiedlichen Insektenarten verursacht.

Gallwespe

Münzengalle

Nierengalle

Hungrige Babys

Alle Insektenlarven schlüpfen mit einem Riesenhunger aus ihrem Ei. Sichere Zeichen für ihre Mahlzeiten sind Fraßspuren wie gezackte Blattränder und Löcher im Blatt. Halte Ausschau nach den Raupen von Tag- und Nachtschmetterlingen, sie halten sich gern auf Bäumen auf. Jede Insektenart bevorzugt eine bestimmte Baumart. Beobachte im Sommer viele verschiedene Bäume und lerne ihre speziellen Gäste kennen.

Manche Larven treten in Massen auf. Die Sägewespen können einen Baum richtiggehend kahl fressen.

Diese hellen Linien sehen wie Farbspuren aus. In Wirklichkeit sind es aber Fraßgänge von Insektenlarven, die im Inneren eines Blattes leben.

Diese Schmetterlingsraupe kann Hunderte von gesunden Blättern zerstören.

Nicht nur junge, sondern auch erwachsene Insekten können einem Baum schaden. Einige übertragen sogar Krankheiten. Das Ulmensterben beispielsweise wird durch einen Pilz verursacht, den der Ulmensplintkäfer von Baum zu Baum trägt.

Ulmensplintkäfer graben Gänge direkt unter der Rinde von Ulmen. Dabei übertragen sie einen gefährlichen Pilz, an dem die Ulmen sterben.

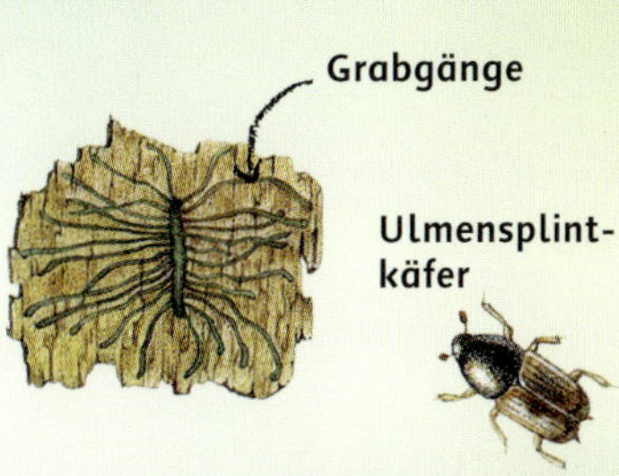

VORSICHT!
Viele Pilze sind giftig. Fasse sie nie mit den Fingern an. Du kannst sie aber für deine Sammlung fotografieren oder abzeichnen.

Parasiten

Parasiten sind Pflanzen oder Tiere, die sich von anderen Lebewesen ernähren, sie aber nicht auffressen. Die meisten Baumparasiten leben vom Saft der Bäume. Sie schädigen den Baum (ihren Wirt), töten ihn aber nicht – denn ohne ihn müssten sie selbst sterben.

Misteln wachsen auf Apfel- und anderen Laubbäumen. Sie können in ihren Blättern eigene Nahrung herstellen, entziehen ihrem Wirt aber Wasser und Bodennährstoffe.

Pilze und Bäume

Pilze können einen Baum ernsthaft schädigen. Da sie kein Blattgrün haben, können sie keine eigene Nahrung herstellen. Sie sind völlig von ihren Wirten abhängig. Baumpilze dringen mit Tausenden von winzigen Fäden bis ins Kernholz eines Baums vor. Manche Pilze haben eine typische Hutpilzform, andere breiten sich aus wie Teller, sind formlos oder glitschig wie Pudding.

Aus dem Stamm eines befallenen Baums wachsen die sichtbaren Teile der Pilze heraus.

Der Säulchenrost bildet Schwellungen auf den Stämmen und Zweigen von Kiefern.

Schnitte und Wunden

Wenn ein Ast abbricht oder ein Blitz einschlägt, entstehen große Wunden am Baum. Durch sie können Pilze in den Baum eindringen. Winzige Pilzsporen, die über die Luft verbreitet werden, setzen sich fest. Sie bilden die ersten Pilzfäden, die sich im ganzen Holz ausbreiten. Das Holz des Baums beginnt zu faulen, der Ast, und manchmal auch der ganze Baum, stirbt ab. Für parasitische Pilze spielt es keine Rolle, ob der Baum stirbt: Sie verdauen sowohl lebendes als auch totes Holz.

Einige Baumpilze verursachen die sogenannte Kernfäule. Dabei wird das Holz im Inneren des Stamms so weich, dass der Baum beim nächsten Sturm umstürzen kann.

Der Schuppige Porling

Reparieren und Heilen

Bäume sind einer Verletzung aber nicht hilflos ausgeliefert. Wie der menschliche Körper können sie manche Schäden reparieren. Eine verheilte Wunde erkennst du an runden, glatten Flecken auf der Rinde. An dieser Stelle ist ein Ast abgebrochen und der Baum hat die offene Stelle mit neuem Holz versiegelt.

Frische Wunde

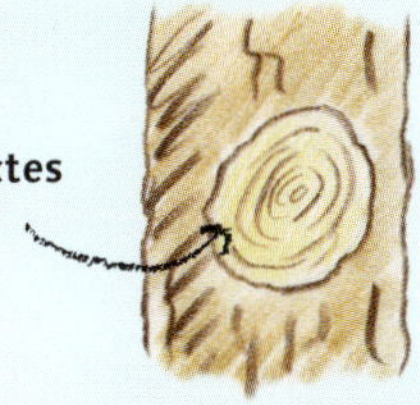

1. Wenn ein Ast abbricht, liegt das verletzliche, lebende Holz frei. Hier können sich Pilzsporen festsetzen.

Drei Jahre später

2. Vom Rand her wächst neue Rinde über die Wunde. Im Lauf der Zeit überdeckt sie die offene Stelle.

Etwa sechs Jahre später

3. Die Wunde wächst nur sehr langsam zu. Bei alten Bäumen heilt sie möglicherweise nie mehr ganz.

SCHON GEWUSST?

Ein Baum kann überleben, wenn sein Kernholz völlig verrottet ist – solange Kambium und Splintholz intakt sind. Klopfe gegen einen hohl aussehenden Stamm: Je lauter der Ton, umso größer ist die Höhlung.

Leben in toten Bäumen

Mit ein bisschen Glück kann ein Baum an einem geeigneten Standort hundert, in sehr seltenen Fällen sogar tausend Jahre alt werden. Während seines ganzen Lebens lässt er Blätter, Zweige und Rinde zu Boden fallen. Irgendwann stirbt er ganz ab. Dann wird er zur Nahrung für andere Lebewesen.

Perfektes Recycling

Wenn ein Baum stirbt, machen sich kleine Tiere, Pilze und mikroskopisch kleine Lebewesen daran, ihn zu zersetzen: Er verrottet. Wie in einem Komposthaufen werden alle seine Bestandteile, die er früher aus der Natur entnommen hat, an den Boden zurückgegeben. Jetzt stehen sie für neue Pflanzen zur Verfügung.

Auch abgefallene Rinde oder hohle Baumstämme werden auf diese Weise abgebaut. Ein Drittel aller Lebewesen des Waldes ist auf irgendeine Weise von abgestorbenen Bäumen abhängig.

Obwohl dieser Baum schon lange tot ist, steckt er voller Leben. Moose, Pilze und Insekten leben auf und von ihm.

Borkenkäfer legen ihre Gänge unter der Rinde an.

Die Streuschicht

Fallende Herbstblätter sammeln sich auf dem Boden an. Die Schicht aus alten Blättern, Rinde und toten Zweigen unter dem Baum nennt man Streuschicht. In dieser dunklen, feuchten Welt leben unzählige Klein- und Kleinsttiere. Manche kannst du mit dem bloßen Auge gar nicht sehen. Trage die Blätter vorsichtig ab und suche nach den Tieren der Streuschicht. Breite die Blätter später auch wieder vorsichtig aus.
Du musst dazu nicht unbedingt in den Wald gehen. Mit einem kleinen Experiment kannst du solche Tiere in euren Garten locken. Schichte Blätter und alte Zweige in einer schattigen Ecke zu einem kleinen Haufen auf und warte ab, welche Tiere sich einfinden – es dauert aber eine gewisse Zeit.

Hirschkäfer leben auf verrottendem Holz.

Ackerschnecken raspeln frische und alte Blätter ab.

Tote Blätter sind ein Festmahl für Tausendfüßer.

Mit einem gemischten Haufen aus Blättern, Beeren und Zweigen schaffst du einen neuen Lebensraum für viele Kleintiere.

Erdkröte

Asseln versammeln sich gern unter verrottender Baumrinde.

Auf diesen und den folgenden Seiten findest du Bilder von Bäumen, ihren Blättern, Rinden, Zapfen und Winterknospen, bei Laubbäumen auch die Blüten und Früchte. Der Text stellt die typischen Merkmale des Baums vor: maximale Höhe, Anordnung der Blätter, Standorte. Einige der Baumarten wachsen in Parks, andere auf dem Land oder in Wäldern. Die meisten dieser Bäume kommen häufig vor und sind relativ leicht zu erkennen.

Araukarie

Bis 26 m hoch. Schuppenartige Blätter, die dicht an den Zweigen sitzen und sich überlappen; kugelige, stachlige Zapfen. Gärten und Parks.

Nadelbäume

Lawson-Scheinzypresse

Bis 38 m hoch. Kleine, kugelige Zapfen und Zweige mit schuppenartigen Nadeln; purpurbraune Rinde löst sich in Schuppen ab. Oft als Hecke gepflanzt.

Weißtanne

Bis 48 m hoch. Große Zapfen, die aufrecht an der Baumspitze sitzen; flache Nadeln mit silbriger Unterseite. Wälder.

Eibe

Bis 20 m hoch. Männliche und weibliche Blüten auf verschiedenen Bäumen; glatte Rinde, die sich in Streifen ablöst; junge Zapfen sind grün. Wälder, Parks, Friedhöfe.

Hemlocktanne

Bis 48 m hoch. Äste und Baumspitze hängend; rötliche Blüten und kleine, braune Zapfen; Nadeln unterschiedlich lang. Wälder.

Gewöhnliche Fichte

Bis 45 m hoch. Lange, hängende Zapfen und spitze, harte Nadeln; Blüten rötlich; häufig als Weihnachtsbaum. Wälder, Parks.

Sitka-Fichte

Bis 47 m hoch. Hängende Zapfen und sehr spitze Nadeln; flache, gelbe Knospen auf gelben Zweigen; die Rinde löst sich in Platten. Parks, Wälder.

Wacholder

Bis 6 m hoch, häufig strauchförmig. Spitze Nadeln in Dreiergruppen; die beerenartigen Zapfen färben sich im zweiten Jahr purpurn. Heiden, Gärten.

Waldkiefer

Bis 35 m hoch. Kleine, spitz zulaufende Knospen; Rinde der jungen Zweige rötlich, am Stamm später grau. Gebirge, sandige Böden.

Pinie

Bis 22 m hoch. Nadeln lang, steif, in Paaren; kleine Knospen; grüne Zapfen, die sich später braun färben; tief gefurchte Rinde. Mittelmeerküste.

Monterey-Kiefer

Bis 30 m hoch. Schmale, grasgrüne Nadeln in Dreiergruppen; gedrungene Zapfen, die viele Jahre hängen bleiben. Selten, nur in Parks.

Atlaszeder

Bis 40 m hoch, Äste weit ausgebreitet. Zapfen fassförmig; Nadeln blaugrün bis dunkelgrün, einzeln oder in Büscheln wachsend. Parks.

Libanonzeder

Bis 40 m hoch. Nadeln einzeln oder in dichten Büscheln, gelbe Blüten; Zapfen ähnlich wie die der Atlaszeder, aber oben nicht abgeflacht. Parks.

Lärche

Bis 45 m hoch. Nadeln in Büscheln, werden im Herbst gelb und fallen ab; Blüten: gelb und hängend (männlich), rot (weiblich). Wälder, Gebirge.

Japanische Lärche

Bis 37 m hoch. Schuppen der Zapfen am Rand umgeschlagen; Zweige dunkel orangerot, Blüten rosa; Nadeln blaugrün, fallen im Winter ab. Parks.

Laubbäume

Schwarzerle

Bis 25 m hoch. Kätzchen im zeitigen Frühjahr; Früchte zapfenartig, bleiben im Winter hängen; Rinde grauschwarz, schuppig. Am Wasser und in feuchten Wäldern.

Rotbuche

Bis 36 m hoch. Glatte, graue Rinde; junge Blätter hellgrün, mit dem Alter dunkler; verholzte Frucht mit vier Bucheckern. Wälder.

Kronenapfel

Bis 10 m hoch. Von Mai bis Juni weiße Blüten mit fünf Kronblättern; kleine, gelbe, essbare Früchte (sauer). Nicht wild, nur in Gärten.

Vogelkirsche

Bis 20 m hoch. Rinde rötlich-braun, löst sich in Streifen ab; im Frühling große, weiße Blüten, büschelförmig. Wälder und Hecken.

Japanische Zierkirsche

Bis 20 m hoch. Von April bis Mai rosa Blüten; Rinde purpurbraun oder grau; viele Sorten. In Gärten und als Straßenbäume.

Hainbuche

Bis 20 m hoch. Früchte grün, geflügelt, hängen in Büscheln; Kätzchen braun (männlich) oder grün (weiblich); glatte, graue Rinde. Lichte Wälder, Hecken.

Mehlbeere

Bis 15 m hoch. Blätter auf der Unterseite weißfilzig behaart; Rinde grau; von Mai bis Juni Blüten mit fünf Kronblättern. Lichte Wälder.

Salweide

Bis 10 m hoch. Aufrechte, im Spätwinter silbergraue Kätzchen; männliche und weibliche Blüten auf verschiedenen Bäumen. Feuchte Uferwälder.

Sommerlinde

Bis 40 m hoch. Im Juni locken die duftenden, gelben Blüten Bienen an; junge Rinde glatt und grau, ältere Rinde zerfurcht. Wälder, angepflanzt.

Hängebirke

Bis 30 m hoch. Helle, fast weiße Rinde, löst sich in Streifen ab; im April hängende Kätzchen. Heiden und Gebirge, auch Parks und Gärten.

Bruchweide

Bis 15 m hoch. Wächst häufig mit mehreren Stämmen, auch strauchförmig; Rinde blaugrau, tief zerfurcht; Blätter grün, Unterseite silbrig. In Wassernähe.

Esskastanie

Bis 35 m hoch. Junge Rinde glatt und grau; Blätter stachelig; weibliche Blüten an der Basis, gelbe männliche an der Spitze der Blütenähre; essbare Samen.

Goldregen

Bis 7 m hoch. Von Mai bis Juni gelbe Blüten; Rinde grünbraun, später rissig; Blüten in hängenden Trauben; Samen tödlich giftig. Parks und Gärten.

Gewöhnliche Esche

Bis 45 m hoch. Rinde graubraun und glatt, im Alter stark gefurcht; Samen in Büscheln, bleiben im Winter am Baum. Wälder und Parks.

Eberesche

Bis 20 m hoch. Im Mai weiße Blüten, im September rote Beeren; glatte, glänzend graue Rinde. Gebirge, häufig als Straßenbaum.

Rosskastanie

Bis 38 m hoch. Abgefallene Blätter hinterlassen hufeisenförmige Narben; blüht im Mai; stachelige Früchte mit Kastanien (Samen). Parks und Straßen.

Gewöhnliche Platane

Bis 45 m hoch. Glatte Rinde, löst sich in großen Platten ab und hinterlässt helle Stellen; kugelige Früchte mit Stacheln, bleiben im Winter am Baum. Straßenbaum.

Weißpappel, Silberpappel

Bis 26 m hoch. Blätter auf der Unterseite dicht weißfilzig behaart; Rinde weißlichgrau mit großen, eckigen Narben. Wild in feuchten Flusswäldern, an Kanälen gepflanzt.

Feldahorn

Bis 26 m hoch. Winzige, grüne Blüten in Büscheln; graue Rinde mit schmalen Graten; Blätter färben sich im Herbst goldgelb. Wälder.

Spitzahorn

Bis 27 m hoch. Krone kuppelförmig; im Frühling gelb-grüne Blüten; buntes Herbstlaub. Lichte Wälder, Parks und Gärten.

Bergahorn

Bis 35 m hoch. Glatte Rinde, die sich in großen, flachen Stücken abschält; Früchte mit einem Paar spitzwinkeliger Flügel; grüne Blüten. Parks und Straßenbaum.

Weißdorn

Bis 10 m hoch. Dornige Zweige; Rinde rosa-braun, zerfurcht zu schrägen Abschnitten; im Mai kleine, weiße Blüten; Beeren im Herbst. Weit verbreitet, Hecken und Straßenbäume.

Traubeneiche

Bis 21 m hoch. Blätter dunkelgrün, lange Stiele; Eicheln meist kurz gestielt; Rinde graubraun mit tiefen Furchen. Wälder und Parks.

Stieleiche

Bis 37 m hoch. Zweige weit ausgebreitet; gelbe, hängende männliche Kätzchen; winzige weibliche Blüten am Ende der neuen Triebe. Wächst oft allein, Wälder.

Zweige im Winter

Im Winter, wenn die Laubbäume ihre Blätter abgeworfen haben, kannst du manche Bäume anhand der Zweig- und Knospenform bestimmen. Frage dich:

- Welche Farbe haben die Knospen und der Zweig?
- Welche Form hat der Zweig?
- Sind die Knospen spitz oder rund? Wie sitzen sie am Zweig?
- Sind die Knospen mit Haaren oder Schuppen bedeckt?
- Sind sie klebrig?
- Wie sind die Blattnarben geformt?

Robinie

Grauer Zweig; winzige, wechselständige Knospen mit Dornen.

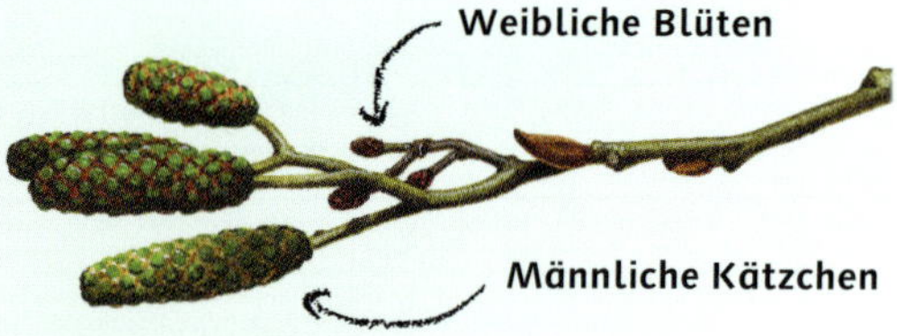

Gewöhnliche Erle

Wechselständige, gestielte, purpurrote Knospen, häufig männliche Kätzchen.

Esche

Glatter, grauer Zweig; große, schwarze, gegenständige Knospen; Blattnarben mit Punkten.

Buche

Schlanker Zweig; Knospen wechselständig, braun, spitz, vom Zweig abstehend.

Vogelkirsche

Glänzend rote Knospen, in Gruppen an der Spitze und entlang von Zweigen.

Esskastanie

Knotiger Zweig; große, rötliche, wechselständige Knospen.

Englische Ulme

Zweig wächst im Zickzack; Knospen wechselständig, schwarzrot.

Magnolie

Riesige, pelzig behaarte, graugrüne Knospen.

Weißpappel, Silberpappel

Zweige und wechselständige Knospen mit weißem Flaum bedeckt.

Weide

Schlanker Zweig; Knospen wechselständig, angedrückt am Zweig.

Mehlbeere

Knospen flaumig behaart, grün, wechselständig.

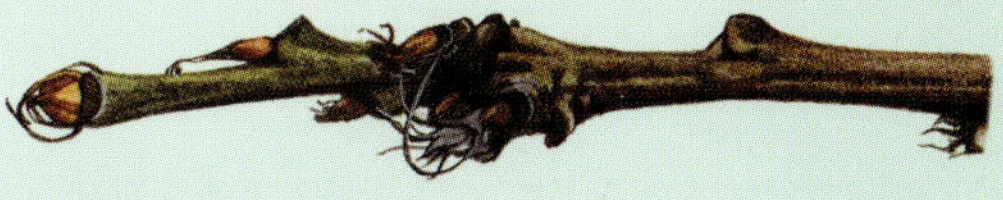

Zerreiche

Knospen wechselständig, in Gruppen, mit verdrehten Haaren.

Sommerlinde

Zweig wächst im Zickzack; Knospen rötlich, wechselständig mit zwei Schuppen.

Gewöhnliche Platane

Knospen wechselständig; Blattnarben rund um die Knospen.

Bergahorn

Knospen gegenständig, groß, grün, Schuppen mit dunklem Rand; helle Blattnarben.

Walnuss

Dicker, hohler Zweig; Blattnarben herzförmig; Knospen wechselständig.

Die folgenden Bilder zeigen, wie dieser Baumstamm weiterverarbeitet wird.

Holz als Rohstoff

Seit die Menschen zum ersten Mal Früchte aßen oder Stöckchen aneinanderrieben, um Feuer zu machen, nutzen sie die Bäume und ihre Produkte: Aus dem Holz werden Boote, Häuser, Möbel, Werkzeuge und Papier hergestellt. Andere Teile liefern Medizin oder Nahrung. In manchen Kulturen haben Bäume sogar eine religiöse Bedeutung.

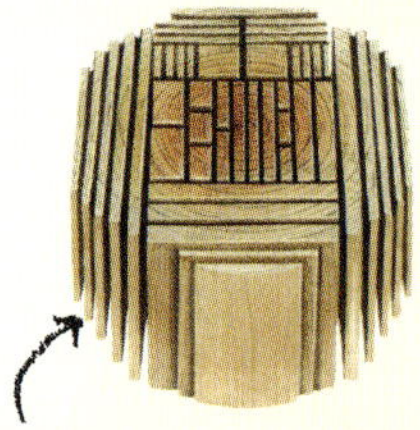

An den Seiten werden breite Bretter abgesägt. Manchmal wird auch der gesamte Stamm zu Holzschnipseln zerkleinert.

Vom Baum zum Holz

Bevor man irgendetwas aus Holz herstellen kann, muss der Baum gefällt werden. Mit der Axt war das früher Knochenarbeit – heute kommen Kettensägen zum Einsatz. Die Äste werden vom Stamm gesägt, der Stamm in Teile geschnitten und zum Sägewerk transportiert. Dort sägt man ihn zu Brettern oder macht Holzschnipsel, zum Beispiel zur Papierherstellung, daraus.
Frisches Holz ist sehr feucht. Die Bretter müssen erst trocknen, ehe man sie weiterverarbeiten kann. Dazu werden sie Schicht auf Schicht im Freien aufgestapelt. In einem riesigen Trockenofen geht es noch schneller.

Das harte Kernholz gibt gutes Bauholz ab.

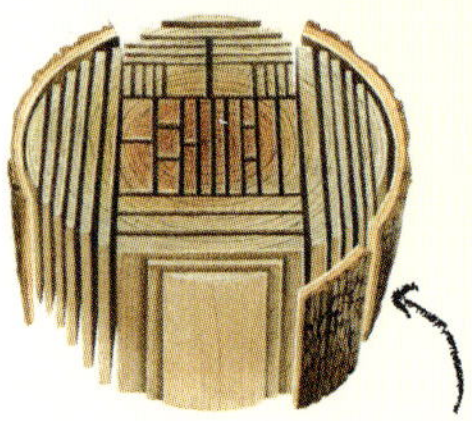

Die Rinde wird zu Holzschnipseln zerkleinert.

Durch die Zwischenräume dringt Luft ein. Die frischen Bretter trocknen rascher aus.

Maserung und Knoten

Die Jahresringe des Baums finden sich auf den Holzbrettern wieder. Diese geraden oder gebogenen Muster nennt man Maserung. Holzbretter, die längs der Maserung gesägt werden, sind stabiler als quer zur Maserung gesägte Bretter. Die runden oder ovalen Flecken im Holz heißen Knoten. Hier saß einmal ein Ast.

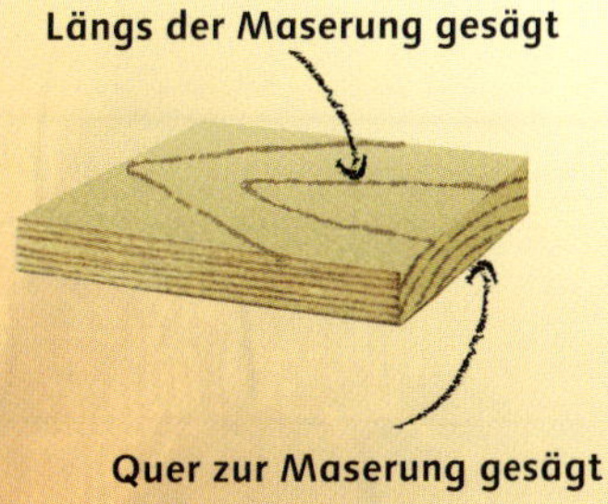

Zähle die Jahresringe in einem Knoten. Dann weißt du, wie alt der Ast war.

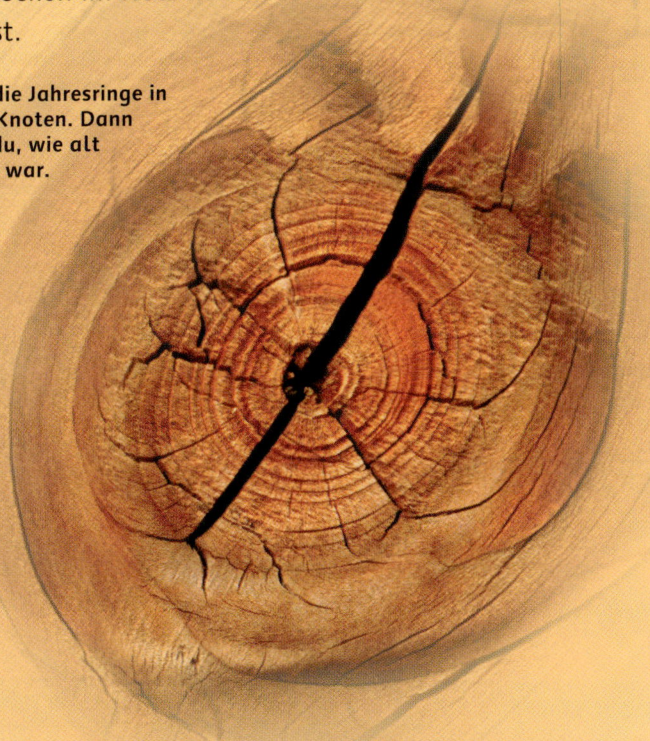

Längs der Maserung gesägter Stamm

Das Bild oben zeigt einen Stamm, aus dem der Knoten im linken Bild stammen könnte.

Hartholz und Weichholz

Das Holz der Nadel- und der Laubbäume ist so verschieden wie die Bäume selbst. Das Weichholz der Nadelbäume wird häufiger verwendet. Die Bäume wachsen schneller, das Holz ist gleichmäßiger und lässt sich leichter zersägen. Dafür hat das Holz der Laubbäume eine schönere Maserung, ist härter und haltbarer.

SCHON GEWUSST?

Bäume liefern viel mehr als Holz. Aus einem Stoff in der Weidenrinde wurde früher Aspirin hergestellt. Die getrockneten Knospen der Gewürznelke verwendet man in der Küche. Bernstein und Gummi stammen aus dem Harz von Bäumen.

Eine Welt ohne Bäume?

Ohne Bäume wäre das Leben auf unserer Erde unvorstellbar. Vermutlich gäbe es ohne Bäume keine Menschen und viel weniger Tiere – eine traurige, öde und verdorrte Welt.
Jedes Jahr werden überall auf der Erde riesige Baumbestände durch Waldbrände vernichtet. Menschen fällen Bäume, um das Holz zu verarbeiten, oder verbrennen sie, um Felder anzulegen. Dann verlieren zahllose Tiere ihren Lebensraum und viele sterben. Die überlebenden Tiere flüchten in andere Lebensräume und stehen im Konkurrenzkampf mit den Tieren, die dort bereits leben. Die schwächeren oder schlechter angepassten Arten sterben aus.

Diese Waldschmetterlinge waren früher sehr häufig. Heute kommen sie nur noch selten vor.

Feuriger Perlmutterfalter

Schwalbenschwänze

Schwarzgefleckter Bläuling (vom Aussterben bedroht)

Großer Fuchs (vom Aussterben bedroht)

SCHON GEWUSST?

Biologen schätzen, dass im Regenwald jedes Jahr rund 50 000 Tier- und Pflanzenarten aussterben, weil ihr Lebensraum abgebrannt oder gerodet wird. Ein ähnlich schnelles Aussterben gab es zuletzt zur Zeit der Dinosaurier.

Trübes Wasser

Wo die Wälder verschwinden, wird das Wasser trüb und schlammig. Bei einem Gewitter sorgen die Baumwurzeln normalerweise dafür, dass das Regenwasser kontrolliert abfließt. Ohne Bäume spült das Wasser die obersten Erdschichten in Bäche und Flüsse. Die Fische ersticken und das Wasser wird schmutzig.

Bäume entziehen der Luft Kohlendioxid. Dieses Gas hält die Wärme der Sonne auf der Erde zurück und macht das Leben auf unserem Planeten erst möglich.

Luftverschmutzung

Mit den Bäumen verschwinden die Sauerstofffabriken: die grünen Blätter. Die Blätter filtern aber auch den Rauch, Staub und die Asche aus der Luft, die von Autos und Fabriken gebildet werden. Ohne Bäume wird unsere Atemluft dünn und wird nicht vom Schmutz gereinigt.

Globale Erwärmung

Als wäre das alles noch nicht schlimm genug, wird auch das Klima der Erde immer wärmer: Jede Pflanze entnimmt Kohlendioxid aus der Luft, um Nahrung herzustellen. Das restliche Kohlendioxid hält die Wärme der Sonne zurück und macht das Leben auf der Erde möglich. Ohne Bäume gerät dieses Gleichgewicht ins Wanken. Das Kohlendioxid reichert sich an und hält mehr Wärme zurück. Das Erdklima heizt sich auf.

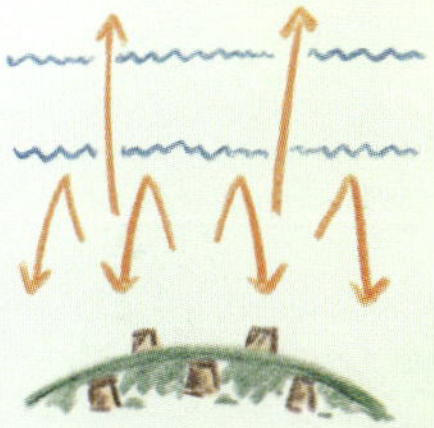

Ohne Bäume reichert sich mehr Kohlendioxid an. Die Atmosphäre wird immer wärmer – wie in einem Treibhaus.

Wärme

Kohlendioxid

Mit unserer modernen Technik können Bäume schneller gefällt werden als jemals zuvor.

Du kannst etwas tun!

Jeder kann dazu beitragen, die Zukunft der Bäume zu sichern. Am einfachsten geht das, wenn wir sie mit Respekt behandeln. Im Umgang mit der Natur sollte eine einfache Regel gelten: „Ansehen ja, anfassen nein.“
Die wichtigsten Dinge lernst du durch genaue Beobachtung. Außerdem liegen auf dem Boden viele interessante Stücke herum, die du anfassen und untersuchen kannst.
Mach deiner Familie und deinen Freunden klar, wie gefährlich es ist, in der Nähe eines Waldes, von trockenem Gras oder Sträuchern ein Lagerfeuer, einen Grill oder eine Zigarette anzuzünden. Brennt der Wald erst einmal, dann ist das Feuer kaum noch zu stoppen.
Und wenn der Wind entsprechend bläst, verwandelt sich ein großer Wald innerhalb von wenigen Stunden in eine Aschewüste.

Am Boden liegende Blätter, Früchte und Samen eignen sich perfekt, um einen Baum zu studieren.

Mach den ersten Schritt

Vielleicht hast du schon einmal in den Nachrichten davon gehört, dass sich Menschen an Bäume ketten, um sie zu retten. Es gibt aber auch einfachere Möglichkeiten, etwas zum Schutz der Wälder zu tun. Wenn deine Familie sparsam mit Papier umgeht und es in den Papiercontainer wirft, kann es recycelt werden – das gilt auch in der Schule oder bei der Arbeit. Dann müssen weniger neue Bäume gefällt werden, um Papier herzustellen. Achtet beim Kauf von Holzprodukten darauf, dass sie aus nachhaltigem Anbau stammen. Das heißt, dass für gefällte Bäume neue Bäume gepflanzt werden.

TOLLE TIPPS

Dieses Symbol auf Verpackungen zeigt an, dass sie recycelt werden können.

Pflanze einen Baum

Du kannst der Natur auch helfen, indem du selbst einen Baum pflanzt. Wenn euer Garten zu klein ist für einen neuen Baum oder ihr keinen Garten habt, dann frage bei Naturschutzorganisationen nach. Manchmal starten sie Aufforstungsprogramme, an denen jeder teilnehmen kann. Andere sammeln Geld für neue Bäume.
Jeder kann sich darum bemühen, den Bäumen nicht zu schaden und die Pflanzung neuer Wälder zu unterstützen, um die Zukunft der Bäume und unseres Planeten zu sichern.

Je mehr Menschen sich an Aufforstungsmaßnahmen beteiligen, umso größer ist die Chance, dass aus vielen zarten Jungkiefern eines Tages wieder ein dichter Wald wird.

Glossar

Hier kannst du Erklärungen zu einigen Begriffen nachlesen, die du vielleicht noch nicht kennst. Die *kursiv* gedruckten Wörter findest du auch auf dieser Seite.

äußere Rinde Äußere, abgestorbene Schicht um einen *Baumstamm* oder dicken Ast, auch Borke genannt. Sie schützt die lebenden Gewebe des Baums.

Baumstamm, Stamm Aufrecht wachsender, mittlerer Haupttrieb eines Baums.

Bestäubung Übertragung des *Blütenstaubs* auf die *Narbe* einer anderen *Blüte.* Nach der Befruchtung im *Fruchtknoten* entsteht aus Eizelle und Blütenstaub ein neuer *Samen.*

Blattadern Winzige Transportgefäße im Inneren eines Blattes. Sie leiten Wasser in die Blätter und transportieren Nährstoffe, die im Blatt gebildet wurden, in die Gewebe des Baums.

Blattgrün Siehe *Chlorophyll.*

Blattnarbe An der gut sichtbaren Blattnarbe auf einem Zweig saß der Stiel des abgefallenen Blattes an.

Blattskelett Getrocknete Reste eines heruntergefallenen Blattes.

Blüte Der Teil eines Baums, in dem der *Blütenstaub* gebildet wird und in dessen *Fruchtknoten* ein neuer *Samen* entsteht.

Blütenstaub (Pollen) Pulverförmige Körnchen, die vom männlichen Teil der *Blüte* gebildet werden. Ein Pollenkorn ist eine männliche Geschlechtszelle, die mit der Eizelle im *Fruchtknoten* verschmilzt.

Borke Siehe *äußere Rinde.*

Chlorophyll Grüne Chemikalie in den Blättern. Sie nutzt die Energie des Sonnenlichts und setzt eine chemische Reaktion in Gang. So bildet das Blatt Nahrung für den Baum.

Feinwurzeln Die kleinsten Verzweigungen einer *Wurzel.*

Frucht Die Frucht umschließt die *Samen* eines Baums.

Fruchtknoten Weiblicher Teil einer *Blüte.* Hier sitzen eine oder mehrere Eizellen, aus denen sich nach der *Bestäubung* ein *Samen* entwickelt.

Immergrün Baum, der das ganze Jahr über grün aussieht. Er tauscht seine Blätter kontinuierlich aus.

innere Rinde Lebende Schicht innerhalb der *äußeren Rinde.* Die innere Rinde kann noch wachsen; die jeweils außen liegenden Bereiche sterben ab und werden zur äußeren Rinde.

Jahresringe Ringe auf dem Querschnitt durch einen *Baumstamm* oder Ast. Der Baum wird jedes Jahr um einen dunklen und einen hellen Ring dicker.

Kambium Dünne Schicht aus lebenden Zellen. Das Kambium bildet jedes Jahr das neue *Splintholz* für die *Jahresringe* und gibt nach außen das Material für die *innere Rinde* ab.

Kätzchen Ein Blütenstand aus winzigen *Blüten* in Form eines kleinen Schwänzchens.

Keimpflanze, Keimling Sehr junger Baum, der eben erst aus dem *Samen* ausgewachsen ist.

Kelchblätter Äußere Hüllblätter einer *Blüte;* sie waren früher die Knospenschuppen der Blüte.

Kernholz Altes Holz im Inneren eines *Baumstamms.* Bei vielen Bäumen ist es besonders verstärkt und transportiert kein Wasser mehr.

Knospe Ein noch nicht entwickelter *Trieb* oder eine *Blüte,* die durch eine Hülle geschützt wird.

Krone Die Gesamtheit aller Äste, Zweige und Blätter.

Laubbaum Ein Baum, dessen Blätter flach ausgebreitet sind. Fast alle Laubbäume werfen im Herbst ihre Blätter ab.

Nadelbaum Ein Baum mit nadelartigen oder schuppenförmigen Blättern. Die *Samen* werden in *Zapfen* gebildet. Die meisten Nadelbäume sind *immergrün.*

Narbe Der äußerste Teil des *Fruchtknotens.* Die Narbe ragt frei heraus, damit Insekten und Wind den *Blütenstaub* darauf ablagern können.

Narbe der Knospenschuppen Ringförmige Narbe an den Zweigen; sie entsteht, wenn die Knospenschuppen der *Spitzenknospen* abfallen.

Nektar Süße, etwas klebrige Zuckerlösung, die von *Blüten* gebildet wird, um Insekten anzulocken.

Pollen Siehe *Blütenstaub.*

Samen Nach der *Bestäubung* wandelt sich die Eizelle in einen Samen um. Der Samen enthält eine winzige *Keimpflanze,* die zu einem neuen Baum heranwachsen kann.

Schuppen 1. Schützende Hüllblätter um eine *Knospe.* 2. Blätter mancher *Nadelbäume,* deren Form an Fischschuppen erinnert. 3. Verholzte Bestandteile eines *Zapfens.*

Spitzenknospe Die Knospe am Ende eines *Triebs.* Aus ihr wächst die Verlängerung eines Jahres aus.

Splintholz Der jeweils äußere Teil des *Baumstamms.* Die Zellen des Splintholzes transportieren das Wasser durch den Stamm bis in die Äste und Zweige. Im Lauf der Jahre verwandelt sich das Splint- in *Kernholz.*

Staubgefäß Der männliche Teil einer *Blüte.* Die Staubgefäße bilden den *Blütenstaub.*

Trieb Jüngster Teil eines Zweiges (Seitentrieb) oder des Stamms (Haupttrieb), an dem die Blätter sitzen.

Wurzel Unterirdischer Teil des Baums. Wurzeln saugen Wasser und Nährstoffe auf und transportieren sie in alle Teile des Baums. Außerdem verankern sie den Baum im Boden.

Zapfen Auf den *Schuppen* eines Zapfens sitzen die *Blüten,* später die *Samen* eines *Nadelbaums.* Bei reifen Zapfen sind die Schuppen verholzt und hart.

Register

Bildnachweis

Illustrationen
Dave Ashby, Mike Atkinson, Graham Austin, Bob Bampton, John Barber, Andrew Beckett, Joyce Bee, Isabel Bowring, Trevor Boyer, Wendy Bramall, Maggie Brand, Paul Brooks, Peter Bull, Mark Burgess, Hilary Burn, Sue Camm, Kuo Kang Chen, Roger H Coggins, Frankie Coventry, Christine Darter, Kate Davies, Sarah De Ath, Kevin Dean, Peter Dennis, Michelle Emblem, Sandra Fernandez, Denise Finney, Sarah Fox-Davies, John Francis, Nigel Frey, Sheila Galbraith, William Giles, Victoria Gooman, Victoria Gordon, Coral Guppy, Laura Hammonds, Alan Harris, Tim Hayward, Christine Howes, David Hurrell, Ian Jackson, Roger Kent, Aziz Khan, Colin King, Steven Kirk, Richard Lewington, Ken Lily, Mick Loates, Rachel Lockwood, Kevin Lyles, Chris Lyon, Alan Male, Andy Martin, Uwe Mayer, Rob McCaig, Joseph McEwan, Malcom McGregor, Caroline McLean, Dee McLean, Richard Millington, Annabel Milne, David More, Dee Morgan, Tricia Newell, Barbara Nicholson, David Palmer, Charles Pearson, Liz Pepperell, Julie Piper, Gillian Platt, Maurice Pledger, Cynthia Pow, David Quinn, John Shackell, Chris Shields, Maggie Silver, Guy Smith, Peter Stebbing, Ralph Stobart, Sue Testar, Sam Thompson, Sally Voke, Phil Weare, James Wood